体育教学创新与运动训练研究

焦广识 钱 坤 王 俭◎著

吉林出版集团股份有限公司
全国百佳图书出版单位

图书在版编目（CIP）数据

体育教学创新与运动训练研究 / 焦广识，钱坤，王俭著 . -- 长春 : 吉林出版集团股份有限公司，2023.6
　　ISBN 978-7-5731-3938-2

　　Ⅰ.①体… Ⅱ.①焦… ②钱… ③王… Ⅲ.①体育教学 – 教学研究②体育运动 – 运动训练 – 教学研究 Ⅳ.① G807.01 ② G808.1

中国国家版本馆 CIP 数据核字 (2023) 第 126898 号

体育教学创新与运动训练研究
TIYU JIAOXUE CHUANGXIN YU YUNDONG XUNLIAN YANJIU

著　　者	焦广识　钱坤　王俭
责任编辑	蔡大东
封面设计	李　伟
开　　本	710mm×1000mm　　　1/16
字　　数	210 千
印　　张	13
版　　次	2023 年 9 月第 1 版
印　　次	2023 年 9 月第 1 次印刷
印　　刷	天津和萱印刷有限公司

出　　版	吉林出版集团股份有限公司
发　　行	吉林出版集团股份有限公司
地　　址	吉林省长春市福祉大路 5788 号
邮　　编	130000
电　　话	0431-81629968
邮　　箱	11915286@qq.com
书　　号	ISBN 978-7-5731-3938-2
定　　价	78.00 元

版权所有　翻印必究

作者简介

焦广识，男，1980年出生，硕士研究生学历；现任沈阳师范大学体育科学学院教师。研究方向：体育教育与人文社会学；主持省教育规划课题1项，校级课题1项；发表多篇学术论文。

钱坤，男，1980年出生，硕士研究生学历；现任沈阳师范大学体育科学学院教师。研究方向：学校体育学、运动训练学；主持参与多项省级课题，发表多篇学术论文。

王俭，女，1976年出生，毕业于沈阳体育学院运动训练专业，现任沈阳市第四中学体育教师兼女子排球队教练。研究方向：体育教学与运动训练理论。

前　言

体育在现代社会中的地位与价值逐渐提升，人们越来越重视现代体育。高校体育课程是高等学校教育的基础课程之一，承担着提高学生身体素质和综合素质的重任，对提高学生身心健康水平尤为重要。同时，体育水平的高低在一定意义上也代表了一个国家的综合国力的强弱，是社会发展的第一国际性语言。因此，加强体育教学成为势在必行的一项重要工作。

加强体育教学需要牢固树立"以人为本"的理念和思维创新意识，使体育教学的创新思维在教学的方方面面都能够体现出来，最终实现高校体育的创新发展，与此同时，还可以将对学生体育技能、意识和习惯等方面的培养作为提升教学质量的最终评价目标。既要通过体育理论让学生形成良好的体育意识和竞争意识，又要通过具体的运动训练，教授学生球类、健身类各项目，让学生掌握一定的体育技能，提高身体素质，树立终身体育意识。

本书共分为六个章节：第一章为体育教学概论，主要从体育教学的基础知识、体育教学的任务与原则、体育教学的现状及发展趋势三个方面展开论述；第二章为体育教学的思维创新，主要围绕着体育教学思想的创新、体育教学的方法创新、体育教学过程与评价的创新进行理论上的思考；第三章为体育教学模式创新与实践，依次介绍了体育教学中多媒体教学模式的应用、体育教学中分层教学模式的应用、体育教学中俱乐部教学模式的应用、体育教学中翻转课堂教学模式的应用；第四章为运动训练基础理论分析，从运动训练的理念、运动训练的原则、运动训练的方法三个方面进行论述；第五章为体育专项训练方法与实践，分别介绍了球类运动、有氧运动及塑身运动的训练方法；第六章为体育教学与运动训练模式研究，分为两个小节进行探讨，分别是体育教学与运动训练协调发展研究、体育教学与运动训练的"体教结合"模式培养。

在撰写本书的过程中，作者得到了许多专家学者的帮助和指导，参考了大量的学术文献，在此表示真诚地感谢。由于作者水平有限，书中难免会有疏漏之处，希望广大同行和读者及时指正。

焦广识　钱坤　王俭
2023 年 1 月

目 录

第一章 体育教学概论 1
  第一节 体育教学的基础知识 1
  第二节 体育教学的任务与原则 19
  第三节 体育教学的现状及发展趋势 28

第二章 体育教学思维的创新 31
  第一节 体育教学思想的创新 31
  第二节 体育教学方法的创新 42
  第三节 体育教学过程与评价的创新 46

第三章 体育教学模式的创新与实践 57
  第一节 体育教学中多媒体教学模式的应用 57
  第二节 体育教学中分层教学模式的应用 68
  第三节 体育教学中俱乐部教学模式的应用 74
  第四节 体育教学中翻转课堂教学模式的应用 82

第四章 运动训练的理念、原则与方法 91
  第一节 运动训练的理念 91
  第二节 运动训练的原则 102
  第三节 运动训练的方法 108

第五章　体育专项训练方法与实践 ·· 115
　　第一节　球类运动训练方法 ··· 115
　　第二节　有氧运动训练方法 ··· 142
　　第三节　塑身运动训练方法 ··· 155

第六章　体育教学与运动训练模式 ·· 171
　　第一节　体育教学与运动训练的协调发展 ································· 171
　　第二节　"体教结合"模式的构建 ··· 184

参考文献 ·· 193

第一章 体育教学概论

随着社会的不断发展,对人才的需求日益增加,培养综合型高素质人才的重任就落在了各大高校中。部分高校只重视专业课程和技能、研究成果的发展,而忽略了对学生德、智、体、美、劳全面发展的培养目标,学生对体育课程的轻视程度也随之增高,认为只要拿到学分能够毕业就可以了。然而,这些错误的做法与观点,导致我国部分大学生身体素质不高。本章从体育教学的基础知识、体育教学的任务和原则、体育教学的现状及发展趋势三个小节对高校体育教学的基本情况进行概述。

第一节 体育教学的基础知识

一、教学的概念

教育与其他教学活动的不同之处,就在于它本身在多层面所具有的特殊性。由此,我们可以从广义和狭义两个角度来理解"教学"本身。

从广义的角度来说,凡是生活中出现的活动,如学习、科研和劳动等,都是可以被划进教学范畴的,就连生活本身也是教学。除此之外,还有一种相对而言不那么广义的理解,那就是这种教学活动往往都是带有一定地目的性,同时也会在活动进行的过程中出现一个或多个有领导性的人物,这些活动对于参加的人来说,也会造成很大影响。狭义的教学是指我们通常所认为的教育中的一部分内容,还有开展教育的基本途径也被认为是教学的一部分。这时的教学已然从"教育"的大概念中脱离出来,可以清晰地和其他的教育形式进行区分的。狭义的教学主要集中在对知识的讲授上,将传授理论知识和实践技能作为教学的主要目的,这对于学习者的影响都是体现在知识的相关方面的。最后,对于"教学"最为狭义的理解就是，教学就是学习者学习方法和技能的过程，或者也可以将其理解为"训练"。如果我们将目光拉近，就会发现，往往一些具体的教学形式与一定的时间和地点都是有紧密联系的。

随着人们思想的解放，教师在人们心中的形象虽然仍十分高大，但教师在实际的教学活动中所扮演的角色已经发生了天翻地覆的变化，从之前的"主导者"转变为"引领者"和"组织者"，这是当代教育的一种新观念，并且这种观念正在被广泛普及。由此看来，"教学"所指的不再是字面意思上的"教"或"学"，而是已经将二者融为一体，当作是一个共同体来看待，只有当"教"真正地融入了"学"，"学"这一活动才能被有组织地引领起来，变得更为系统化。

因此，我们认为，教学就是在教育目的的规范下，教师的"教"与学生的"学"共同组成的一种教育活动。通过教学，学生在教师有计划、有步骤的引导下，掌握系统的科学文化知识和技能，发展智力、体力，陶冶品德、美感，形成全面发展的个性。

二、体育教学的特点

（一）运动知识传承的可操作性

体育运动知识指的是身体知识，这一点也是体育运动同其他学科相比，最为明显的差异之处。值得注意的是，这种身体知识是人类知识发展过程中特殊认识的一种，同时也是人们对自然外部知识的追求逐渐向人体内部知识进行转移的结果，更是一种面向人类本体、人类本身与人类自我的挑战。

现阶段，教育界对于学生的主体性地位给予了肯定与重视，而这样对人类自我知识的再度追求，不仅仅对体育教学的特殊性进行了展示，同时还使体育教学具有了传承知识的重要意义。从这个角色上来讲，体育教学并不是传统意义上的"下里巴人"，而是对身体知识进行传承。而身体知识是一种能够实现人类自身感觉真正回归的知识，并且也是科学知识的一种，只是还没有发现与挖掘出这种知识的重要性而已。可以想象的是，这类知识在未来肯定会受到人类的广泛认可与关注，并能够在人类身心健康的相关研究中被广泛应用。

（二）教师与学生身体活动的频繁性

在体育教学开展的过程中，教师对运动项目的动作需要不断进行示范、指导与反馈，这主要是因为身体知识来源于身体的不断实践与操作，同时，对于学生而言，也需要身体的操作和体验，如果想要学习、掌握运动技能，就需要反复地进行身体的操作和演练。因此，在体育课堂教学开展的过程中，教师和学生身体活动会比较频繁，这一点也是体育课程教学同其他学科教学之间的不同之处。其他学科的课程教学只需要在室内开展就可以，需要相对保持安静，只有这样才能够使学生的思维得到激发，同时促进良好学习效果的确定。而体育教学的情况则不同，在体育教学实践活动开展的过程中，不仅有学生身体的强烈活动，还有学生体验的欢快情绪，上述的都是体育课程教学的外部表现行为，只有自然与纯真，而不存在文化渲染。

（三）学生身心合一的统一性

体育从本质上来讲，就是自然改造人自身的过程，强调生理机能和形态结构统一的同时，还强调身心的和谐发展。在体育教学活动开展的过程中，不仅要对体育文化的传承进行追求，还要促进学生的身体改造，同时，还要使学生心理素质与社会适应能力得到强化。体育教学开展过程中，营造了许多生动的情境，这一点也是其同智育教学间的差异之处。

所以，体育教学过程同辩证唯物论的观点是相符的，讲究身心发展的统一。身体发展是基础，而身体的发展支持了心理发展，同时，心理的发展还能够对身体的发展起到促进作用。体育教学开展过程中身心合一的统一性，主要体现在三个方面。

第一，体育教学内容要注重对学生各种能力和素质的培养，注重心理与社会的适应性培养，符合社会学和心理学等方面的要求。

第二，体育教师的教学方法和教学组织必须要同学生的身心发展规律相符，在反复的练习过程中，使学生的健身目的得以实现。练习活动与休息在一定的范围内，合理地交替进行，因此，学生的生理机能变化将由一条波浪式曲线呈现出来。

第三，体育课程教学同学生的年龄特征与心理特征也是相符的。学生所表现出的心理活动是高低起伏变化的，正是因为学生的这种心理变化规律，使体育教学所特有的教学的节奏性、身心统一性与和谐性都可以得到很好的体现，这无疑对体育教学来说是非常有帮助的。所以，体育教师在对各种教法与组织进行安排的过程中，应该充分考虑学生的心理特征，只有这样才能够使学生的身体发展得到促进，当学生的学习兴趣被激发，体育教学的作用才会被充分体现出来。

（四）体育教学过程的直观形象性

在体育课程教学开展的各个过程中，都对直观形象性进行了体现。例如，对于体育教师而言，其讲解不仅要同其他学科教师讲解的基本要求相一致，还要使用有趣贴切、形象生动的语言，艺术性地加工所要传授的知识，将语言简单化，使学生对教学内容加深感知。同时，体育教师需要应用特殊的演示形式，通过动作示范、优秀学生的示范、学生正误对比示范、人体模型、动作图示、教学模具等直观地、形象地进行展示，从感官上使学生对动作进行感知，使清晰的、正确的运动表象进行建立。通过直观的动作演示，学生能够将得到的表象同思维紧密联系在一起，使体育知识与体育技能掌握的目的得以实现。

体育教学管理与组织的过程也使直观形象性得到体现，学生的行为都是直接的、外显的、可观察的，所以，体育教师的一言一行能够发挥榜样的功能，无形地使学生的身心得到教育，进而直接的、真实的、显现的表现在课堂上尤其是在学习活动与运动开展的过程中，学生会将其最为真实的一面通过一言一行表现出来，此时是体育教师观察、帮助和反馈的最佳时机。

（五）体育内容的审美情感性

体育课程教学的美，最直观的表现是运动开展过程中教师与学生的人体美与运动美。首先通过运动塑身，教师和学生身体各部分线条的美与身体比例对称的美得以形成，并且人体运动的美也在这一运动过程中得以实现，上述的这些都是外显的内容。其次，在运动开展过程中人体的精神美也得以实现，例如，在运动开展的过程中，需要对生理障碍和心理障碍进行克服，使体育教学目标得以顺利完成，使礼貌、谦让和谦虚等风范得到体现。

体育教学活动不仅展示了人体美和精神美，还使体育教学内容的审美性得到体现。每个运动项目都对审美特征和美学符号进行了不同的表述，例如，对于球类运动项目而言，不仅使个人的运动优势得到展示，对群体互助、协调和合作等人际素养也要兼顾；对于田径运动而言，不仅使学生个人的运动天赋得到表现，同时，也展示了永不言败、永远没有第一的豪气；对乒乓球运动项目而言，使东方人的技艺与灵巧得到展示，而这些内容都是前人累积的经验的总结，经过教师的加工传授给学生，在此基础之上再让学生加以学习和感知，他们的身心就会得到充分的发展。不仅如此，体育教学活动本身所具有的创新性特征也是十分明显的，这是它作为一种社会活动来说的固有属性，教师与学生共同营造的教学情境在精神上能够给人以启迪，令人回味。

（六）客观外界条件的制约性

同其他学科教学相比，体育教学的另外一个不同之处就是，体育教学效果很容易受到外界各方面的影响和实际客观情况的约束，例如，学生的性别、年龄、生理特点、心理特点、体质强弱与运动基础、体育场地、体育设施、客观气候条件等，上述的这些因素都会对体育教学质量存在不同程度的影响。

从体育教学对象的层面上而言，体育教学应该使教育的全面性得以实现，在运动基础方面区别对待不同水平程度的学生，同时，还要针对学生的性别、年龄、生理特点、心理特点与体质强弱等方面的实际情况实现区别对待。例如，在机能水平、身体形态、运动功能与运动素质等方面，男女学生也会存在明显的不同，因此，在教学选择、教学设计和教学组织等方面就应该对差异进行考虑。如果没有对这些特点给予足够重视，盲目教学，不仅会导致体质增强的教学效果很难实现，还有可能会导致学生安全方面的风险增加。从体育教学环境的层面上而言，鉴于室外存在较多的影响因素，体育课堂教学一般会在室内开展，例如，空中的意外声响、马路上的汽车声等，都会影响教学效果。此外，学生的视野越开阔，学生的注意力越容易分散。当然，还有一些不可控因素的存在，例如，天气因素等，都会干扰到体育教学过程。同时，体育课程教学在体育场地、器材设施和客观气候条件等方面存在较高的要求。所以，体育教师在制定学年体育教学计划、课时具体计划、选择教材内容、实施教学组织方法的时候，都应该对上述的这些主观因素与客观因素进行考虑，使各种因素的影响尽量减少，促进体育教学效果与质量的提高，此外，体育教师还应该对酷暑、严寒等自然条件进行利用，使学生适应环境的能力得到培养。

三、体育教学环境

众所周知，在体育教学的过程中，教学环境对最终的教学质量是会有一定影响的，因而它也是体育教学活动的一个基本因素，任何体育教学活动都离不开它。不仅如此，体育教学环境所影响的不仅有活动的组织和安排，还有学生的未来发展。经过长时间的调研发现，我们在进行体育教学的过程中往往会忽视教学环境对其的影响，像是在尘土飞扬的地面上运动，或是在喧嚣的马路上跑步，这都是我们在日常生活中经常可以看到的景象。其实，这就在一定程度上反映出了我们对于"人"这一概念认知的缺乏，也因此在教育上逐渐偏离正确的轨道。当时间的巨轮运转到了今天，我们的眼界和胸怀显然已经大有不同了，在这时我们再次审视我国的体育教学改革的时候就会发现，体育教学环境这一影响因素必须要被重视起来了。

（一）体育教学环境的概念

我们要想真正理解"体育教学环境"这一概念，可以从"环境""学校教育环境"和"教学环境"这几个词入手，在此之后再理解"体育教学环境"就会容易得多了。如果我们将这一概念放在哲学领域中就会发现，我们所认知的人类环境所包含的不仅是外部环境，还有内部环境。所谓的内部环境，指的是人类所创造出的文化。由此，我们可以将"环境"理解为有人存在的，同时还具有影响人生存的一切内外环境的总和。

而在众多的教育环境中，其中有一个十分特殊的，那就是学校教育环境，这是由教育所处的场所和教学目的来决定的，是包含了学校内部的所有师生和教职工所依赖的生存条件的总和，不是简单的物质条件，社会条件在学校教学环境中也是不可缺少的。从本质上来看，其实学校环境是由人工创造出来的，或者我们也可以将其称之为"人文环境"，这是因为学校空间范围内的一切都被赋予了教育意义，这也是人们教学观念和审美意识的一种综合体现。虽说学校教育环境本身所囊括的元素是非常丰富的，但其中最为重要和引人注目的还是教学环境。

学校的教学环境本身就是具有浓厚的人文气息，我们可以将其看作在学校范围内一切教学活动所需要的条件总和，因为其本身所具有的特殊性，学校教学环境其实是最符合人身心特点的环境空间。我们对于"教学环境"的理解，也可以体现在广义和狭义两方面上。从广义的角度来说，凡是可以对教学造成社会影响的都是可以被划分进教学环境范畴的，如科学技术和社会制度等。从狭义的角度来说，教学环境包括学校范围内师生和教职工进行教学活动所需的物质、制度或心理条件，如宿舍、教学设施和各种规章制度等。而我们一般意义上被广泛认可的，就是从狭义角度上来说的教学环境。

而体育教学环境自然所指代的就是，学习者和教授者开展体育教学活动所需的一切条件的总和，不论是物质条件还是心理条件。由此看来，显然体育教学环境就是学校教学环境中一个组成部分，与其相比是相对微观的，因而它也是不可能脱离大环境而独立存在的。

（二）体育教学环境的构成要素

1.体育教学的物质环境

（1）体育教学场所

我们所熟知的体育教学场所主要包含体育场、馆，如田径场、足球场和游泳馆等。除此之外，还有十分重要的一点就是场地周围的环境元素，如空气、树木和阳光等。设计师在建造体育场馆时，所要考虑的不仅是建筑本身的朝向和外观设计，它本身所使用的建筑材料和色彩，以及采光和通风效果等都是十分重要的，这是因为这些因素都会对场馆的使用者本身产生影响，师生的身心健康和安全是高于体育教学本身的。例如，设计师在放置田径跑道的过程中，就会有意将其方向与本初子午线一致，还有体育馆外部墙面和内部地面的颜色同样也是符合人在运动时的身心特点的，会选用一些比较柔和和温暖的颜色，如黄色和桃红色等。从色彩心理的角度上来说，是因为波长较短的颜色会对人的视觉大脑皮层形成刺激，可以使他们的视觉兴奋点集中在外界，尤其这种颜色对于中小学和幼儿园的体育场地十分适用。不仅如此，体育场地由于本身所占据的空间体积是十分可观的，其本身所蕴含的文化内涵又会对身处于其中的师生造成潜移默化的影响，也正是因为这样学校中最为靓丽的风景就应当是体育教学场所。

（2）体育教学设备

我们一般会将体育教学设备分为两类：一类是十分常见的常规性教学设备，如多媒体设备、教材资料和课桌椅等；还有一类就是我们在专业的体育场所经常会看到的，如各种球类器材和体操器材等。不论是上面的哪一种，都对日常的体育教学活动起着举足轻重的作用，它们对于学习者而言是至关重要、不可或缺的。

2.体育教学的心理环境

（1）学校体育传统与风尚

对于学校体育教学心理环境而言十分重要的一点就是，学校的体育传统与风尚，所指的自然是一种集体行为，是带有普遍性和相对稳定性的，是会重复出现的。由此看来，学校的体育风尚甚至在校风的形成过程中起到了相当大的作用。众所周知，一所学校的良好校风对师生和教职工而言，是具有十分重要的影响的，并且这种影响是潜在的，对学生正确体育态度和兴趣的形成是十分有帮助的，在良好校风的影响下，他们也能够树立"终身体育"的理念，甚至可以提升学生的文化素养。

（2）体育课堂教学气氛

体育课堂教学气氛，从本质上来看，其实就是一种情绪的外在表现，是包含处在体育教学空间中的所有客体的情绪在内的，不仅是一种心境，所包含的还有师生之间的关系和情绪波动等因素。学生在积极向上的氛围中学习对于他们的文化积累和体育素质的养成都是十分有益的，在进行体育运动和体育学习的过程中，学生的学习积极性也会有所提升，会帮助学生培养克服困难的勇气。

（3）体育教学中的人际关系

众所周知，在社会之中，一个人是无法独自生活、工作和学习的，只有人与人之间的关系才能维持人在社会上存在的状态。人际关系，所指的就是人在交往过程中所产生的心理状态，而这种人际关系体现在体育教学过程中，可以被分为两个部分：其一为师生之间的关系，其二就是学生之间的关系。二者在体育教学过程中是十分重要的影响因素。

(三)体育教学环境的特征

1. 体育教学环境的教育性

体育教学的一个重要功能就是教育功能,这项功能在当前已经引起人们一定程度的重视,正是因为这样,人们往往会选择通过"体育"来锻炼人们的意志,通过体育运动人们会增强对自己身体的重视程度。众所周知,在体育的教学环境中,人们所受到的影响不仅是集中在身体上,在心理上也同样如此。在整个体育教学环境中,人们所感受到的氛围和运动理念等,对于日后人们的学习和生活都会产生潜移默化的影响,这正是体育教学活动功能性的一种体现。

2. 体育教学环境的群体性

体育教学环境中不可缺少的是活动本身的参与者,就是学校中的师生,在教学活动中,占据主导作用的往往是教师,而学生是体育教学活动的主体,这是学校人文环境的重要组成部分,是体育教学环境群体性的体现。人们在体育活动中会与来自不同专业和地方的同学与教师交流和学习,这种交流不仅是在身体和语言上的,还有心理上的。人们的人际关系在教学活动中建立起来。或者说,人们在体育教学活动中通过与其他人的交流可以感受到体育和知识的魅力。但需要注意的是,体育教学活动对于人数是具有一定限制的,是会受到群体的规范的。

3. 体育教学环境的可控性

体育教学环境包含自然环境,但是其本身不具有自然环境的自发属性。其实,体育教学环境本身是具有可控性的,这是因为它是根据教学计划和目标来制定的。在实际的教学活动中,教师作为主导者就是以教学目标为指导来计划教学活动的,它会根据教学活动中的一些影响因素随时改变教学策略,以满足教学主体的学习需求。在体育的教学环境中,氛围和情绪等都是具有可控性的。

4. 体育教学环境的潜在性

众所周知,体育教学环境本身是离不开教学主体的,而主体的知觉就是将体育教学环境作为其背景,由此看来,它具有一定暗示性,同时因为其本身对人的刺激性是比较微弱的,因而人总是在不知不觉中就会在体育教学环境中受到影响和启发。对于学生而言,这其实就好像是我们日常生活中不可缺少的空气和水一样,它无时无刻不在影响人们的生活,但当人们身处其中时,又会将其外部环境所忽略，也就是说，人们总是在一次次失败和成功中，获得对于学习的启迪和思考。

5. 体育教学环境的和谐性

体育教学环境本身具有一定的和谐性。换句话说，就是体育教学环境中的体育和教学设施要与学校大环境中的建筑、设计、风格等都要保持一致，将体育教学环境作为学校整体环境中的一部分。我们需要注意的是，在场地和器械等之间的层次在设计过程是要体现出来的，不论是在设计形式，还是材料和色彩的选择上都是如此，要寻找符合学生学习和生活特征点的设计手法，这样才能真正对学生的学习起到促进作用。除此之外，还有体育教学环境中的设施要与校园本身的自然环境保持一定的联系，最终营造出一种奋发向上的学习环境和氛围，只有这样，才能体现出人的主体意识，学生的学习热情才能被激发出来，学生才能从身心等多层面上都保持健康的状态。

（四）体育教学环境的功能

1. 陶冶功能

学生在积极向上、美观和活泼的环境中学习，是可以激发他们的学习热情的，让学生在学习的过程中可达到净化心灵和培养他们审美素质的作用，甚至还可以对他们日后的学习和生活起到潜移默化的作用。实际的体育教学环境中是充斥着十分丰富的元素的，不论是有形的还是无形的，是物质的还是虚幻的，学生在这样的环境中是能够受到心灵的洗礼的，这些元素聚集在一起对在环境中参加教学活动的师生是可以起到春风化雨的作用的，这样他们就能够起到很好的教育效果，不论是对教师还是学生都是如此的。如果我们可以将体育教学环境本身所具有这种陶冶功能发挥恰当，对学生的未来成长是十分有帮助的。

2. 激励功能

良好的体育教学环境对教师和学生而言都是有益的，从一方面来看，可以激发教师的教学热情，从另一方面来看，可以激发学生的学习热情，帮助体育的教学工作能够顺利开展。在体育课程的教学过程中，学生可以在户外体会到自然的美好，像是湛蓝的天空和清新的空气，还有翠绿的草坪等可以让学生体会到大自然的魅力。在室内的体育教学环境中，学生也可以充分感受到体育器材和场地的魅力，人显然已经与体育空间融为一体了。当学生存在于这样的体育学习环境中，可以去奔跑和跳跃，这虽然是一种学习行为，但是对于长时间在教室中学习的学生而言是一种很好的放松行为。

3. 健康功能

师生长期生活和学习在体育教学环境中的，也正是因为这样，环境的优劣是对师生的身心健康有影响的。只有师生在洁净、有良好空气环境、没有声音和设施充足的环境中才能够使师生的身心得到放松，才能够全身心投入学习体育学习中，这对于师生的身心健康也是十分有好处的。除此之外，在体育教学环境中创造出一种和谐的氛围对于学生也是十分有帮助的。

（五）良好体育教学环境的作用

1. 能够激发教师勇于突破传统授课模式

每个教师在教学的过程中都会形成自己特色的教学模式，这其实是与他们的成长和教学经历有关，在不知不觉中就会形成自己的较为固定的教学思维。虽然这样对自己日后的教学是十分有帮助的，会帮助自己的教学生涯更加顺利，但在一定程度上也会阻碍自己专业能力的成长，使自己陷入自己所设置的条框中，对于学校体育教学的发展也是不利的。我们要想提升自己的体育教学质量，最终达成自己的教学目标，就要从根本上下手，从教学思维出发，改变组织形式，才能适应未来的教学发展趋势。

2. 能够激发全体学生的兴趣和参与热情

众所周知，我们进行体育教学的目的就是"将体育面向所有学生"，因而教师在其中所起到的作用就是十分关键的。教师进行教学实践的过程中要饱含热情和激情，从多方面来进行教学，如语言、体态和媒体等，这样也会从侧面来激发学生对于体育学习的积极性，学生在进行体育活动的过程中可以获得放松。除此之外，人们在进行体育竞技的过程中会从不同角度来体验成功和失败，也会从中获得对生活的感悟，学会积极的思考，提高分析和解决问题的能力。最为重要的是，学生的学习积极性和集体意识能够得到培养和提升，学生逐渐参与体育活动中了，他们也会从中体会到生活的乐趣。

3.能够充分发挥主体的自主性、创造性

（1）充分发挥主体的自主性

体育教学十分突出的特点就是实践性。学生在体育学习的过程中会获得知识和实践技能方面的提升，通过师生之间的反馈和互动，双方都会有所提升，这都是要充分发挥自身的主观能动性才能完成的。同时，教师在其中所起到的作用也是十分关键的，像是教导学生学习的方法和途径，通过了解不同学生的个性，启发不同学生的学习积极性，从不同的方向拓宽学生的视野，不仅是实践技能，相关体育文化和理论知识的积累也能够有所提升，以此来提升学生的集体意识和参与意识。

（2）充分发挥学生的创造性

显然，创造性指的就是在原有的基础上对理论和操作进行重新认识，然后获得新的想法和认知，再就是人们在体育活动中所获得的能力。人们喜爱学习体育，其一是因为其本身的课程内容十分丰富，其二是教师的教学手段多种多样的，正是因为这样，学生的创造性得到激发。举例来说，学生在体育舞蹈的课程中，所学习到的不仅是舞蹈本身，同时有有关舞蹈创编的内容和知识。在实际的教学过程中，教师会为学生提供不同的体育器材，学生可以有许多选择，在编排舞蹈的过程中学生的创造性可以得到充分激发，学生的自信心也会得到培养。

4.能够充分体现体育教学的全面性

人们通过体育学习不仅可以强身健体，同时也可以在体育活动的过程中学会"做人的真谛"，像是坚强的性格和健全的品质都能够得到培养。例如，通过不断参加游泳或是滑冰等运动，学生的意志力可以得到培养，不再胆怯，勇于去挑战自我；在类似足球或排球等集体运动中，学生不仅可以提升自身的身体素质，在活动的进行过程中还能够学到"合作"的重要性，培养学生的集体意识；在耐久跑的运动中，可以培养自己耐疲劳的品质；最后，在网球或羽毛球等运动中，学生学会了通过策略来获得胜利，不再是简单地拼体力，而是真正将头脑和运动有机地结合起来，学生的思维方式可以得到培养，当机立断的性格和敏捷的身姿都可以得到提升。通过长期参加体育活动，人们不仅可以发展自我意识，还可以锻炼自身的身体素质，同时心理品质也能够得到培养。

（六）体育教学环境的调控

1. 重视体育教学环境的地域优势

我们一般认为，体育教学会因为地域和学校的差别的而有所不同，不同的学校也有不同的教学风格，这种不同在环境方面尤其突出，学校会尽可能地发现自己的特色，这样就可以在一定程度上让师生忽略自身的不足，将自己的优势发挥出来，最终能够在体育教学环境方面实现改革。其实，每个学校都是有自己的环境潜力的，在长时间的教学实践中，都会在教学方面有所突破。

2. 重视体育教学环境的整体布局

从本质上来说，构成体育环境的元素是十分复杂的，我们既可以将其分为物质和精神的，又可以将其分为有形和无形的，只有当这些元素与周围环境都能够协调发展时，体育教学环境的功能才真正能够发挥出来。我们在调控体育教学环境的时候，有两点尤其要注意：第一，从整体的角度来看，就是体育场馆的建设、场地周围绿化的设计，以及图书资料的购置和人际关系的培养等都是要统筹协调来完成的；第二，对体育教学空间的硬件和软件设施的设置都是要切实符合学生的身心特点和基本的教学规律，要从心理学、卫生学和教育学等角度出发，通过科学的调控来实现学生人格和身心的统一。

3. 重视体育教学环境中强势因素的作用

从环境心理学角度出发，环境对人是会产生不同的影响的，这是因为环境本身是具有不同的特性的，如果我们将这种研究成果运用到实际的体育教学环境中，就会发现体育教学环境的某些特性就被突出出来了，这样在一些特殊的环境之中，师生的行为就能够受到积极的影响。例如，我们通常会在图书馆、资料室或一些室内体育运动场馆的入口处设置镜子，这样可以帮助师生及时整理自己的仪表，约束自己的言行；除此之外，在这些场馆的外面也会挂一些谏言，可以帮助师生及时规范自己的言行，认识到自己应该成为什么样的人，以此来激发他们学习体育的热情。由此，在体育教学环境的调控过程中，起到关键作用的就是环境本身所发挥的强势作用，但是我们应当注意的是，不可生搬硬套一些"套路"，只有这样才能达到理想的教学质量。

4. 重视体育教学环境调控中师生的主体作用

在实际的体育教学环境调控过程中，教师在其中是起到了很重要的作用的，但是身为一名教导者，他们还应该重视到学生在其中所发挥的功能。众所周知，在学校中是不能够缺少学生的，学校中的任何教学活动都是离不开学生的参与的，不论是校风或是班风的建设，还是体育教学活动等都是要有学生参与其中才能完成的，是这些将师生的关系变得更加紧密，将他们连接起来。也正是因为这样，教师在建设教学活动的过程中，要充分意识到学生的重要性，在实际的教学活动中发挥他们的主观能动性，培养他们自身的责任感。只有这样，学校的体育教学活动才能够得到维护，学生在长期的活动中才能够培养自己的责任感和塑造正确的世界观的。

四、体育教学的规律与目标制订

体育教学论的主要研究对象就是体育教学本身。通过研究发现，体育教学与其他的学科相比也是存在一定共通之处的，他们都是基于一定的目的和计划才进行教学和学习的，通过组织来将这些教学活动都连接在一起，学生在教学活动中可以发挥自己的才能，发展自己的智力和体力。但是体育教学本身是存在自己的特殊性的，学校体育任务就是以此作为基础的。发展到了今天，体育教学已经不再仅仅局限在学校的范围内，甚至还兼顾社会体育教学的相关内容，但是最终的目的还是归结到了体育教学上。基于此，我们通常这样对体育教学进行定义：学生在教师的指导下，积极掌握相关的实践技能和知识，最终可以达到强身健体的目的，同时可以增加对大自然的适应能力，培养良好的道德品质。

（一）体育教学的规律

1. 要遵循与学生身心发展水平相适应的规律

在进行体育教学过程中，有一点是我们尤其要注意的，那就是整个教学过程是必须要与学生的身心发展特征相适应和吻合的，在体育的户外课程中尤其要关注学生的身心发展变化特点。众所周知，学生的发展过程可以分为一般发展和特殊发展两种，而促进学生的发展就是体育课程的教学目标，由此看来，体育课程的教学计划和教学方法以及手段都是需要注意的。

2. 要遵循学生生理及心理指标起伏变化规律

在学校里，学生对于体育课程的看法往往是又爱又恨的，一方面是因为学生渴望在繁重的课业压力中得到放松，另一方面是因为在体育的教学活动中，学生在生理和心理方面都受到了不同程度的压力，随后就会引起生理和心理指标的变化。在实际的体育活动过程中，学生往往都会根据自己的实际情况选择适合自己的方法，像是听讲和身体锻炼，以及适时的休息等。学生不断变换参加体育教学活动的方法，在无形中也会对他们的生理和心理指标造成一定影响，以致呈现出波浪式的变化浮动状况，这就是体育课程与其他文化课程的不同之处，是客观存在的教学现实情况。在体育教学的过程中，要严格遵循这个规律，才能保证学生在活动中可以获得成长。

3.要遵循感知、思维与实践相结合的规律

显而易见，学生在体育课程上所进行的活动绝大部分运动的是人身体的各个器官，同时大脑也在积极进行思考，这样才能够顺利完成体育运动。在参加体育教学活动的过程中，学生首先进行的就是直接感知，这也是体育运动的核心所在，但是最终的落脚点还是放在实践上，体育教学的这些环节都是紧密联系在一起的，是不可或缺的。

4.要遵循掌握体育知识和技能呈螺旋式上升的规律

我们在参加体育教学课程的过程中，所接收的就是由教师所讲授的理论知识和实践技能等，但是经过研究发现，知识如果不经常强化，就会逐渐被遗忘。当我们发现自己所学习过的知识被逐渐忘却后，在后面的课程中就应该对这些进行加强，不断完善自己的知识体系，结合新知识进行巩固。因而，学生在进行体育活动的时候所掌握的知识和技能是呈现出螺旋上升的趋势，这同样也是体育教学所需要遵循的一条规律。

（二）体育教学目标制订的依据

1.对学生的研究

教育是一种改变人的行为方式的过程。这个"行为"是从广义上说的，它既包括外显的行动，又包括思维和感情。从这个角度去认识体育教育时，体育课程目的就是体育教育寻求学生发生各种行为变化的代表。要使体育教育达到预定的目标，就必须对学生进行各方面的研究。

（1）学生身心发展的规律

体育课程的主体是学生，因而体育教学中所涉及的体育教学计划和内容，以及教学方法等多层面的内容都是要依托学生来展开的，都是要在深刻认知到学生的身心发展规律后才能够制定的。学生心理发展的主要特点，包括学生的认知发展、情感和意志发展、个性发展三个方面；生理的主要特点包括身体的形态发育、机能发育和素质发展三个方面。不同年龄的学生，其身心发展的特点是不一样的。体育教育工作必须按照学生身心发展的特点来进行，才可能有针对性，这样才能达到预先设定的"目的"。

因此，学生身心的发展规律是确定体育课程目标的生理和心理依据，它反映学生身心发展的客观规律和作为体育课程主体的客观需要。只有充分认识学生身心发展的特点，确定下来的体育课程目标才是科学的，才能指导实践，实现体育课程目标。

（2）学生全面发展需要

众所周知，教育学不断向前发展的核心和关键就是教学与发展的问题，也正是因为这样，它本身和教育的其他内容都有着或多或少的联系。我们一直将现代课程的核心看作是客观真理和科学，由此人们在做事的过程中总是不知不觉将所谓的"真理"当作行事的准则，也正是在这样的过程中人们才会逐渐迷失自我，忘记了自己从事某件事情和某个职业的初心，甚至到了严重的时候出现了被书本中的知识所主宰的现象。在实际的教学实践活动中，很少有人真正会去探索人性发展的内在价值和含义，由此课程就只是课程，是很难将其与更为深刻的意蕴和人生哲理联系在一起的。当我们意识到知识和课程本身的重要性和意义后，就会将其本身在人们心中的地位提升到一个很高的地位，对于知识的研究和深入探索也会发展到一个新的高度。由此可知，我们对课程研究的出发点应当是人的本身，应当聚焦在人的发展历程上，所有我们所要学习的知识都是要以此为准绳和依据的。

上文中我们所提到的"发展"的对象自然就是教学的主体——人。自古以来，我们对于人的发展了解和研究都是聚焦在哲学、人类学和心理学等多个领域的，是经由多个学科联合研究和深入探讨最终才有了一些收获。在教育学领域中，人本身的发展过程常常被看作是对象在不断的学习和积累的过程中最终达到质变的过程，当然这个过程其实是十分复杂的，是包含了人的先天天赋和后天努力的。换句话说，从人最初作为一个单纯的生物个体到后来发展成为一个可以为社会做出贡献的有用人才，是需要人本身在智力、劳动和美德多方面都得到发展才能够达到的。

从教育学角度出发来看待人的发展，我们是将其分为个体的社会和自然发展两个发展过程，在通常情况下这二者又是紧密联系在一起的，是相互作用的。除此之外，还有一种情况，就是人的二者也可能是互相包含的关系。由此可知，学生发展的实质就是当不同因素共同作用在他们身上所最终呈现出的外在表现特征，如社会因素、自然因素等，这也就说明了为什么在不同环境成长下的学生经过了相同的教学过程所最终表现出的结果是有所不同的。其实，不管学生是否参加了体育课程，他们在众多因素的联合作用下，最终都是会有所发展和成长的，但是体育课程在他们的成长过程中所起到的作用是引导和鼓励，这对他们未来的发展起到积极作用。体育课程本身面向的教学对象是在不断发展着的人，所以体育课程的设置和安排等都是围绕着"人"来展开的。

通过调查研究发现，人在除学校教育外的社会因素和自然因素等综合作用下，本身也是可以有所发展的，由此体育课程的教学对象主要集中在儿童、青少年，直至他们成长为"人"，即最终达到"发展人"的目标。所以，在体育课程的任何阶段，当考虑其目标时，都必须遵循人的基本发展规律来设计、制定并实施。无论是群体的人，还是个体的人，其发展的规律和状况都应该成为制定体育课程目标和制订课程计划的基本依据。

2. 对社会的研究

我们通常对于社会的研究，就是集中在社会需要的方向上，所指的就是从社会经济、文化和生产力等角度出发，来对实际的体育教学提出不同的要求，而这些要求都是以提升人的发展质量为前提的。在当今社会，世界发展瞬息万变，各个行业和领域都被卷入了竞争激烈的发展之中，但究其根本，我们所竞争的不是单一的社会领域和学科，而是人才和科技方面，从更深层次来说，就是教育层次和教育水平。面对新的形式，我国体育课程要根据新形势下对人才的要求，考虑我国对体育教育提供的必要条件、合格体育师资的数量与质量、场地、器材设备、工作经费等实际情况，这样制定出来的体育课程目标才是科学合理的。在对社会需求的研究中，我们不能忽略了社会文化传承的需要。在当下，很多人对"文化传承"这一概念的理解都是错误的，我们不能仅仅将其看作静态的知识积累和技能传递，而是要从动态的角度出发，对于文化的传承不是全盘吸收，而是应该取其精华，选择适合当下时代发展的东西，对于进行创造性的转变。在过去的体育课程中，我们只注意发展学生的身体素质，增强学生的体能，增进学生的身体健康，学习各种运动技能，而对于社会文化的一部分——体育文化的传承却忽略了。

教育是个人发展和社会生活延续的手段，就其本质而言，它乃是实现人类文化传承的最主要手段。体育教育是体育文化传承的主要手段，而体育教育的核心就是体育课程。体育课程的文化传承功能主要体现在以下几个方面：其一，因为体育本身就是隶属于文化的大家庭的，因而在学习体育的过程中，人们自然也会从文化的角度来说有所提升和发展。从国际社会文化的角度来说，现代体育的发展历程是离不开近代史本身的。历史研究表明，文明社会的标志就是现代体育，是从19世纪才发展起来的，同时现代体育的发展也是推动文明社会发展的一个重要因素，我们在学习体育的过程中也是同时能够了解到一定我国的社会文化的。其二，我们在传承文化的过程中也会意识到体育在其中所起到的重要作用，因而体育是文化传承的一个有力工具和武器。学习体育能为学习者打开认识体育文化的大门。其三，体育课程本身的功能特点，有利于体育文化的传承。现代体育课程的结构丰富了体育文化的传承途径选择，体育的显露课程、隐蔽课程、社会课程对体育文化的传承互为补充。

当然，课程目标的确定，不能完全取决于对社会的研究，不能以社会对人才的要求作为课程目标的确定依据，而是以承认现存社会目前的需要为前提的。事实上，社会的需要本身也是在不断变化的。我们今天制定出体育课程目标，其结果将在20年后才能呈现。虽然我们无法断定在20年后社会需要怎样的人才，但社会的前进有个继承和发展的规律，在这个基础上我们可以做出一些预测，这样制定出来的体育课程目标才有前瞻性。

3. 对体育学科的研究

众所周知，知识体系纷繁杂乱，而我们要想将其教授给学生，就是要将其归纳为各个学科，毕竟仅仅通过社会经验是很难在长时间内一直有所提升的，而学校就在知识传授的过程中起到了非常重要的作用。在安排体育教学课程的内容以及方案的过程中，我们通常对体育课程专家所提出的建议是大为赞赏的，因为他们是十分熟悉课程的基本逻辑和发展趋势，甚至对体育课程与其他学科的联系也是十分清楚的，因而他们所提出的建议本身就是对体育课程的未来发展具有建设性作用的，甚至大部分教师将其作为课程目标实施的依据之一。

我们在制定体育课程教学目标的时候，通常会将体育对师生发展的作用和功能作为首要的考虑因素，这也是课程特定的一种真实反映，是课程实施过程中，学生所要获得的体育教育的结果。到目前为止，体育课程本身的功能是十分多元的，如健身、美育、娱乐和竞技等。这些功能让我们重新审视传统的、单一生物观的体育课程目标，这就说明我们从单一的角度来认识体育课程是远远不够的，而是要形成多元化的学习体育目标体系，我们可以从生物、心理和教育等多个角度来入手。只有切实挖掘了体育课程的作用和功能，才能将学校体育所具有的功能充分发挥出来，最终才有可能实现学生的全面发展，为他们的未来打下有力基础。

第二节 体育教学的任务与原则

一、体育教学的任务

（一）体育教学任务的目标

1. 学习掌握体育的基础知识

使学生理解体育的目的任务以及体育在教育中的地位和作用；学会实用的身体锻炼技能，能够切实提升自身的身体素质；使学生掌握锻炼的原理所在，在不断锻炼的过程中养成习惯，培养其"终身体育"的观念。

2. 发展学生良好的思想品德

培养学生勇敢顽强和富于创造的精神，以及遵守纪律、团结协作和朝气蓬勃的体育道德作风；因势利导，全面发展学生适应于社会和生活需要的个性；提高学生对体育的认识，养成经常参加身体锻炼的兴趣和习惯；陶冶美的情操。

3. 全面发展学生的身体

根据学生的年龄特点，有计划地进行各项内容的体育教学，以促进学生身体的正常生长发育和生理功能的发展。

上述三项体育教学目标是互相联系的统一的整体，它是通过体育的实践活动和理论讲授完成的。这三项体育教学目标，必须协调一致，全面贯彻，不可偏废。但在具体教学中，根据课程的具体任务、教学要求和教材特点而有所侧重，也是理所当然的。

（二）体育教学任务的完成

要想在课堂上圆满地完成体育课的任务，用传统的教学方式很难达到教学大纲和教材对学生的要求。从时间上说，看一堂课中学生锻炼和掌握动作质量的好坏，密度是关键的一环。如果将大量的知识技术传授给学生，而学生没有足够的时间去消化和掌握，那就很难使所传授的知识和技术转换成有效的课堂质量。由于动作的难度与动作的特殊方面，以及教师对动作、体态、语言表达的差异，使教师在教某些动作时，很难使学生通过视觉、听觉准确而完整地了解动作的全过程，给课堂教学带来了一定的困难。

在语言与动作的结合方面，体育课上有很多动作往往是教师一边做一边进行解说。这对于慢动作和那些可以分解的动作来说还是能够办到的，但对那些只能在快速而连贯的情况下才能完成的动作，就很难做到两全其美了。

因为场地、队形、视角、环境等问题，教师在教某一动作时，就要在不同的地点方向上反复多次地进行示范讲解，才能使所有的学生都能看清和听清动作的做法和要领。这就在无形中浪费了时间，加大了教师的工作量，减少了学生练习的时间。

为了解决体育课中存在的上述问题，很多体育教师都总结和采用许多有效的方法。随着电化教学在各学科中的运用与推广，电化教学也以它快速省时、生动直观、图文并茂、信息量大、容易接受的特点为体育教师所采用。在室内理论课中，电化教学一改过去那种教师在台上讲，学生在下边听的常规惯例，利用幻灯片、投影、录像等电教手段将学生紧紧地吸引到教材之中。例如，讲"什么是田径运动"时，学生很容易通过视觉、听觉在很短的时间里就能准确地掌握其特点和概念，既看到了感性的东西，也有了理性的认识。课堂上，通过运动的画面和解说，学生在学知识的同时也感受到了运动的活力。在课堂上，教师在连贯动作示范中无法做出停顿的一些动作，通过画面的定格处理，教师就可以很自然地加以解说。

利用字幕和解说也可节省大量的板书和阅读时间，提高授课质量。在授课上采用电化教学，可以提高学生的学习积极性，集中学生的注意力，便于教师对学生的组织与管理。由于电化教学内容是事先制作好的，也就不会出现教师在做示范动作时的失败和重复讲要领动作的现象。学生可以在最短的时间里看到最标准、最完整的技术动作，听到最简练的技术要领，建立起真实、完整、逼真、系统的表象认识过程，使学生减少甚至不产生错误的动力定形。

复习课是学生对已学过的动作进行改进和巩固掌握的课程。在复习课上使用电教手段可以加深学生对技术动作的认识理解，将感性认识上升到理性认识的高度。既可以将所学过的动作逐一定格，让学生对照动作进行针对性练习，也可以放录音或录像让学生集体进行复习练习。这样不但巩固了所学的知识，而且培养了学生协同一致的良好习惯，对发扬集体主义精神也能起到良好的作用（如进行广播体操和武术套路的练习）。

如果在上综合课时用"分组轮换"的形式进行组织教学，教师就可以集中精力辅导新授教材的一组，而进行复习的一组可以在电化教学的情境中进行自我学习。当教学中因动作本身的难度，教师无法亲身去做示范，学生对动作的方位距离、运动轨迹等空间概念产生疑问时，使用电教手段可以轻松地解决这一难题。例如，在跳跃练习中起跳后的腾空动作，电影、录像、幻灯片都可以在不改变动作技术的情况下，运用慢放或定格的手法，将动作清晰地展现在学生面前，为教师在课堂中解决动作重点、难点提供了行之有效的手段。运用电化教学可以帮助教师整理数据资料（如用电脑对课堂教学的各项指标进行分析），还可以用摄像机将每位学生所做动作的全过程拍摄下来，然后放给学生看，让学生自我检查或互相找出当中的优点和不足。这一方法也可以运用于复习课中，对纠正学生错误动作、提高学习积极性有很大益处。总之，要想使电化教学在体育课上运用得好，收效大，就需要做好以下几点：

第一，要根据教学内容、学生情况、课程的类型、授课环境、场地器材、组织形式、教学程序、时间分配等条件，来选择电教设备、教学手段与教学手段等。

第二，必须熟悉电教设备的性能、使用方法及实际操作，以确定选择内容和使用的具体时间。

第三，在备课时要将传统教法与电教手段一同备入教案，要培养几名能够操作电教设备的学生做助手，以便在课堂上进行分组轮换时，学生能自己进行组织练习。

第四，课前要教育学生爱护公共财物，爱护电教设备，遵守纪律，保证课堂秩序。

第五，要充分利用电化教学的声响、画面、解说等手段对学生进行思想品德方面的教育，提高学生的积极性，培养良好的自我锻炼习惯，使学生得到全面发展。

二、体育教学的原则

（一）体育教学原则的概念

在现代汉语中，常将"原则"视为观察和处理问题的一种方法，所以对"教学原则"的定义就是实际的教学过程中所要遵循和一些教学要求和原理。众所周知，教学原则本身对教学过程起着十分重要的作用：其一，教学活动实施过程中的根本依据就是教学原则，而教师在设计相关内容时也是将其作为教学准则的；其二，如果在教学的过程中出现一些突发状况或变动，会依据教学原则来对教学活动的具体安排进行及时调整，也正是因为这样，通常会将教学原则作为教学的"总调节器"；其三，在评价一个课程的教学质量时，将其作为基本标准，也就是说，一个课程质量的高低，在一定程度上是取决于师生贯彻教学原则的程度。因而，教学原则对于师生和管理者而言都是必须要掌握的。

由上可知，在实施体育教学活动的过程中，常常会将体育教学原则本身作为最基本的要求，我们判断体育教学的质量也是以此为基础和原则的。

（二）重视提高运动技能的原则

重视提高运动技能原则是指，学生在体育教学的过程中要注重运动技能的积累，同时也能够提升自己在体育方面的成绩，最终达成高效的教学目标。一般来说，我们在提高运动技能的过程中有以下几点需要注意：

1. 正确认识提高运动技能在体育教学中的重要意义

对于体育课程本身而言，我们总是将提升运动技能作为最基本的教学目标，也就是说，体育是学生锻炼身体、提升体能的重要途径，学生要想不断在体育学习中获得乐趣，就要在掌握一定程度的体育运动技能的基础上才能完成。对体育教学而言，最为基础的还是对运动技能的掌握程度，我们在判断体育课程的教学质量时，也是将此作为基础。不仅是学生，评判教师的教学能力时，也有相当一部分内容是从学生的运动技能成果方面来看的。

由此可知，教师必须要充分认识到运动技能的提升在教学中的重要性，这样才能达成教学目标，才能对学生未来的体育发展造成积极影响，否则就只是浪费时间罢了。

2. 明确运动技能教学的目的，让学生有层次地掌握运动技能

对于学校的体育课程而言，有一点是教师要清楚认识到的，就是学校的体育课程并不是要培养学生日后参加怎样的体育竞赛，换句话说，主要培养的并不是学生的竞技精神，而是让学生在体育活动的过程中能够得到身心的放松，同时能够提升自身的身体素质。由此可知，体育教学的目的就是让学生体会到其本身的乐趣，而不是为了参加比赛或是竞技而去参加体育活动，这样会对学生的心理和生理层面都造成极大的压力的。为了贯彻重视提高运动技能的原则，我们要求高校在体育教学中有两点是一定要做到的：其一，将学生"终身体育"精神的培养和运动技能的教授作为最基本的教学准则，要求学生在体育课程中必须掌握1~2项常用技能，这都是为日后他们离开学习后锻炼身体而服务的。其二，为学生提供尽可能多接触不同运动项目的机会和空间，这也是为他们日后的发展打下良好的基础，但同时也要注意，在教授体育技能时要循序渐进，不可只关注最后的结果，而忽略了教学过程的重要性。

3. 教学方法上注意精讲多练

在进行体育教学时，在方法的运用和选择上也要尤其注意，教师一定要"身体力行"地去教学，不可仅仅是简单地用嘴去说，这样"满堂灌"的教学方式对学生知识和技能的掌握是十分不利的，一定要强调重难点，有主次之分。第一，要重视练习的重要性，也就是将不必要的讲授时间进行删减，让学生有充分的时间去真正接触体育。同时，教师在学生练习的过程中也要进行指导，结合不同学

生的身心特点，这样才能事半功倍。第二，教师还要重视课下作业的布置，让学生不仅是在课上接触体育运动，同样在课下时间也要有意培养学生的体育兴趣，同时对课上所教授的技能及时进行巩固和提升。第三，对于讲授的内容而言，一定要重点突出，在讲授内容的层次等方面也要有所关注，这样才会帮助学生尽快了解运动技能的关键点所在。第四，教师在教学过程中所使用的专业术语和口诀等，以及一些讲授内容都要充分融合当下学生的身心特点，这样才能够帮助学生更好地掌握运动技能和相关知识。

4. 创造提高运动技能的环境和条件

要想切实提升学生的运动技能，仅仅从学生和教师的层面来看是不够的，还要注重体育学习良好环境的塑造，除了最基本的体育活动空间和场所外，学校的管理者也要充分认识到这一问题，在政策和管理制度等方面给予充分的帮助，使体育教学没有后顾之忧。

（三）注重体验运动乐趣的原则

1. 要让每个学生都能够不断地获得成功的体验

众所周知，体育课程的学习仅依靠大脑是不行的，还要充分运用起自己的身体，但是因为学生个体本身所存在的差异性，学生在体育学习的过程中十分容易感受到挫败感，每个人在身体素质、身高体重和运动技能等方面是天生就存在差异的，这也就要求教师要及时关注学生的心理状态变化，在适时的时候给予帮助。同时，在体育课程教学计划和内容的安排上，也要充分考虑到那些天生在身体素质上就比较落后的同学，致力于要让每一个人都能够在体育活动和学习中获得愉悦感和成功感，这也是最基本的一种让学生体会到乐趣的方法和途径。

2. 选择趣味性强的体育教学内容

体育教学的内容是十分丰富多彩的，其实虽然会包含一些易激起人兴趣的内容，自然也会存在一些比较枯燥乏味的内容，这是必然的。因此，教师在教学活动的安排和计划时，就要有意将那些容易吸引学生注意力的内容作为教学重点，这些内容同时也是要具有一定的教育意义。与此同时，对于那些本身缺乏学习乐趣的内容，教师也不应该放弃它们，一笔带过，尤其是那些本身就具有很强的教育意义的内容就更是如此了，在本身讲授的基础上，可以加入一些趣味化的元素，如通过类似游戏化、情节化或竞赛化的方式来激发学生的学习热情和兴趣。

（四）合理安排运动负荷的原则

合理安排运动负荷，所指的就是教师在进行体育教学计划安排的过程中要使学生达到一定的运动量，但是这个运动量是要合理的，既不可过度负荷，超出学生的生理和心理承受能力，同时也不可运动量过小，以免达不到运动身体的要求。因此，我们在安排运动负荷的过程中有几点是要尤其注意的。

1. 运动负荷的安排要符合学生的身体发展特征

运动负荷安排的科学性是通过学生的状态来体现的，一方面学生通过一定量的体育运动是可以达到活动身体和锻炼身体素质的目的的，另一方面学生在开展体育活动的过程是不会对他们的身体造成极大的损害的。由此可知，要想保证学生参加体育教学的状态，首先要深入了解和掌握不同年龄阶段学生身体所能承受的负荷，要理解学生身体的变化规律，帮助他们适应发展过程中的身体变化，同时对各个运动项目的特点也要有所了解，只有这样才能做出合理安排。

2. 运动负荷的安排要服从于体育教学目标

从本质上来讲，我们规定学生在体育课程上必须要完成一定的运动量，也是为了要保证学生能够完成一定时间内所要求的运动目标，同时能够掌握一定的运动技能。由此，教师在安排教学计划时就一定要注意，既不能忽视运动负荷本身对于最终的教学质量是起到十分关键的作用的，同时也要切实认识到一些体育运动项目对于学生的体能要求是非常高的，要考虑到学生的身体承受能力，切忌过度运动。

3. 精心设计体育教学内容

体育这门学科中所包含的教学内容是十分丰富的，但是考虑到学生的身体和心理承受水平，教师要合理安排教学计划，将其中那些不符合学生身体成长特征的内容有选择性地进行删减，结合不同年龄阶段学生状况，及时进行改变，可以将不同的运动项目组合起来教学，这也不失为一种很好的教学策略。

4. 逐步提高学生自我控制运动负荷的能力

体育教师在教学过程中所要教给学生的不仅是有关运动的理论知识和运动技能，同时也要加强在运动负荷和处方等方面知识的传授，以帮助学生在日常的学习和生活中能够帮助自己解决和处理一些问题，自己就可以判断自己目前的运动量是否达到标准或超标，并在不断的锻炼和练习过程中找到一套适合自己的训练计划。

（五）因材施教的原则

因材施教原则所指的就是要将"面向全体学生"的体育教学理念贯彻到底，结合不同学生在不同年龄阶段的实际情况，能够实施不同的体育教学策略，以此来保证每一个学生的生理和心理指标都处在健康的水平，这样学生的运动才能得到充分施展。基于此，体育教师在教学的过程中有以下几点是尤其要注意的：

1.深入细致地了解和研究学生

教师要想切实贯彻因材施教的教学原则，首先要做的就是充分了解不同学生个体之间所固有的差异性，如采用调查问卷、直接观察或是积极与学生进行交流的方法都是可以达到对学生进行充分了解的目的。只有在了解了学生的基本情况后，教师才能对学生针对不同教学计划所做出的反应及时进行调整，然后制定个性化的教学方案。不仅如此，教师不能仅将眼光局限在眼前的教学上，过分关注最终的教学质量和效果也是不可取的，还要用发展的眼光来看待教学和学生本身，以此方便后期及时调整教学内容和进行复盘。

2.设置类型多样的体育选修课程

在进行体育教学实践的过程中，最有效遵循因材施教原则的途径就是设置不同的选修课。同时，究竟要设置什么样的选修课也是要结合学校的客观条件、教学计划以及不同学生的需求来最终决定，要充分征求学生的意见，这样才能保证课程的参与率，使具有不同个性化需求的个体都能够得到身体和心理上的满足，这对促进学生的全方位发展也是具有建设性意义的。

3.体育教学组织形式多样化

通过研究发现，有一种教学模式，可以很好地满足"因材施教"的教学原则，那就是"等质分组"。意思就是，由教师首先按照学生的身高体重、体能情况和运动水平等因素进行分组，然后对于那些实在难以跟上教学进度的学生可以为他们"开小灶"，对于那些自身运动素养和身体素质都比较优越的学生就可以提出较高的要求，为他们的未来发展增砖添瓦，这样既能够保证教学质量，又能够保证学生的个性化需求都得到满足，使他们不再害怕体育，可以真正抱着热情和激情参与体育活动中去。

（六）运动安全的原则

运动安全原则所指的就是学生在进行体育运动的时候，要保证他们的安全，这是我们开展体育教学活动的前提。由此，我们在进行体育教学的时候，有几点内容是一定要注意和关注到的。

1. 必须预测所有的危险因素

通过长时间的调查研究发现，在实际的体育教学过程中，有许多危险因素都是可以提前预知。举例来说，有的学生个体在身体素质上存在客观差异，因为体育运动项目的固定性，不同的学生就会产生不同的感受，随后表现出不同的反馈，像是会因为力量不够、动作不熟练或是难度过大而受伤；因为学生在思想态度上没有办法进行积极地调整，因而就会出现鲁莽冲动行事的现象；因为体育运动场地本身所存在的缺陷，教师和学生也没有及时发现进行处理，就导致了部分学生因此而受伤；因为特殊天气因素也可能会导致体育课上出现安全问题，如在烈日下奔跑、在暴雨中仍然进行体育运动等，这些都是隐藏的安全隐患。由此可知，对于这些可以提前预知到的安全隐患，教师要关注易发安全事故的地点，提前做好安全防范，提前查看天气预报等，以方便对教学计划进行及时调整。

2. 安全制度和安全设备

对于在体育教学课程上可能会出现的危险器材，教师和管理人员要及时制定相关活动准则和规章制度，以规范学生的活动行为，将危险扼杀在萌芽之中，如携带钥匙的时候打篮球和穿凉鞋或皮鞋参加体育运动等。除此之外，对于一些事故多发的体育器材，管理人员和教师等要及时落实安全措施，如在游泳池周围摆放游泳圈等救生设备，在深水区设置安全警示牌等，以防止发生悲剧。

3. 时刻对学生进行安全运动的教育

在体育教学的过程中，教师不能仅关注学生理论知识和运动技能的学习，同时还要穿插有关安全教育的相关内容，可以通过集中与分散相结合的方式将安全教育理念渗透到学生平时的日常生活和学习中去。集中教育，就是在集体组织和安排好的时间内进行相关知识的讲解，使学生学会保护自我的技能。而分散教育所指的则是在课前的一小部分时间内强调相关内容，让学生在每次课前都可以听到这些内容，以达到加强记忆的目的。

第三节 体育教学的现状及发展趋势

一、我国高校体育教学的现状

（一）我国高校现行的体育教学指导思想

现在我国高校进行体育教学的指导思想是以目前社会上居民的身体素质的平均水平而确定的，发展至今，学校的体育工作就落实到了学生的身体素质和身心发展上，由此在进行体育教学的过程中，教师和管理者应当切实将学生的身体需求放在首位上，以保证他们都能够健康发展。虽说近年来人们对于体育和提高身体素质等工作的看法已经有所转变，但是在部分高校中仍然存在认知偏差的情况。世界卫生组织明确定义："健康是指身体上、心理上和社会功能处于完满状态，而不仅是没有疾病和虚弱状态。"这显然是应当引起广大居民和政府行政部门管理人员的注意。

（二）我国高校体育教学方法

在 20 世纪末，学界开始关注教育方式的问题，其中一个十分明显的变化就是教师的教学开始由纯粹的"教"转化为"教学并重"。由此看来，在教育的过程中，最为关键的就是"教法"，同时我们也将"学法"看作是整个教学过程中的核心，至此人们对"学习"的探索一直抱有极大的热情。由此看来，要想高效完成学习过程，正确处理好教与学的关系是一条捷径。如果我们仅仅关注的是学习，而忽略了教育本身的意义，那么我们就认为这个过程是盲目的；如果过分关注教育，而缺乏了学习的过程，那么这就变成了一种极具强制性的行为，是没有意义的。由此看来，只有多方面、深层次地理解"教学相长"本身，才能够真正意识到学习的深层含义和本质。

二、当前我国高校体育教学的发展趋势

随着时代发展趋势的变化，人们更为看重科技的发展，因而相关理论知识的学习和实践技能的掌握成为人们学习的重点。在社会上，人们大多都是从事脑力

工作的，纯粹的体力劳动者在逐渐减少，他们的闲暇时间增多了，自然就会关注到体育健身的重要性，这就是一个很好的发展机会，众多体育娱乐健身场所就借着这股"东风"发展起来了，这样的体育发展现状也为高校体育课程的发展提供了新的方向，新的体育价值观诞生了，就是将传统的"强身健体"理念与"适应社会发展需要"相结合。在一部分高校中，已经出现了新兴的体育俱乐部的教学模式，但这仅能满足家庭状况较好的部分学生的需求；除此之外，部分高校也开始意识到传统体育的魅力和重要性，将我国传统的体育形式——太极拳纳入了体育教学体系中。从未来的发展角度看，要想使师生能够一直重视体育，将体育真正融入自己的生活，就要适应未来的时代变化趋势，对较老的体育教材进行重新编写，将已经落后的教学内容和知识进行删除，转而添加进一些形式新颖，适合当代学生教学需求的知识。由此，体育教材应当是符合时代潮流的，应当是丰富多彩的，只有切实全面对体育课程和教学进行改革，它才能获得源源不断的生命力，才能一直发展和延续下去，不被时代所淘汰。

（一）加强对学生体育意识的培养

为了保证高校体育教学的先进性，国家对现在高校的体育教学进行了多方面、多层次的改革。要从思想层面上让学生意识到体育的重要性，激发出学生学习体育的热情，以形成良好的体育学习氛围，从根本上解决问题，可以从三个角度着手。第一，从教学理念的角度出发，应当让学生切实体会到体育学习所带来的福利，可以从内心深处理解到体育的本质，树立他们"终身体育"的理念，为日后的生活、工作和学习打下良好的生理基础。第二，从教学内容的角度出发，高校教师除了教授最基本的理论知识和运动技能外，还可以教授给学生一些他们日常就可以用到的健身方法，这些健身方法不受场地和时间的限制。第三，从教学组织方式的角度出发，高校教师应当密切关注学生的心理和生理状态，顺应他们个性化的发展需求，对于那些可以满足的愿望要尽量满足。

（二）从学生兴趣出发，优化体育教学方法

在课程设置方面，我国高校应当及时做出应对策略，如衡量理论课程和实践课程在总体课程中所占的比例，提升师生对于理论知识的重要程度的认知，这样才能让学生更加了解体育本身，不再仅仅局限在运动方面。除此之外，对体育教

师而言，他们针对现状及时转变教学方法和手段，尽力挖掘内容中的兴趣点，以激发学生的学习热情。除此之外，还有着重树立学生"终身体育"的理念，让他们在体育课之外的时间也可以积极参加体育活动和体育锻炼，这无论是对他们自身素质的提高，还是对教学质量和效果的提升都是十分有帮助的。将体育理论知识讲解和实践技能锻炼有机结合在一起，不仅可以完善自身的理论知识体系，提升他们进行体育运动的积极性，还可以激发他们对体育本身的热情，为他们提供空间充分发挥他们的创造性。

（三）加强师资队伍建设，提高教师综合素质

学生要想切实牢固掌握理论知识和实践技能，教师本身的素质在其中起到了十分关键的作用。由此可知，在体育教学过程中，加强师资队伍建设对教学本身是可以起到积极作用的，不仅是简单地提升教师的素质，同时也是将素质教育融入体育教学中的一条重要途径，是高校体育教学改革的根本要求。由此，高校体育教师应当尤其注意自身专业素养和科学文化素养等的培养，不能仅仅限于专业知识和教学能力，同时在组织能力、创造能力、审美能力和科研能力等都应该积极为自己寻找途径去提升，只有这样才能真正发挥出体育教师在素质教育中的作用。

（四）加强高校体育场地和器材的投入

从国家角度来说，政府应当重视高校的体育教学体系建设，同时在资金方面给予一定的帮助；从高校的管理者角度出发，应当加强学校本身基础体育设施和体育场馆的建设，积极吸取社会资金投入，并建设科学的管理机制，对体育器材和场馆等的使用进行规范。体育教学在学生全面发展和成长的道路上发挥着十分重要的作用，由此本书就针对高校体育教学的现状和未来发展趋势进行了详细论述和探讨，并基于此给予了一些改进建议。从实际出发，高校的体育教学要不断完善和发展，只有这样才能充分发挥出教师的作用，才能将体育最基本的强健体魄的功能发挥出来，使高校体育不被时代潮流所抛弃。

第二章 体育教学思维的创新

思维创新一般会被看作一种不一样的思维方式，它的特殊点在于打破思维定式，从全新的角度出发去思考问题。在我国的多层次教学体系中，体育课程一直被作为辅助学科之一，难以得到教育界及社会各界的高度重视，进而导致教学研究工作处于相对滞后的状态。由此看来，首先要做出改变的就是体育教师，他们一定要紧跟时代发展潮流，逐步探索出适合社会发展的理念和方法，不断完善思维创新方式，才能更好地满足现代体育教学的新型标准与要求。

我国的体育教学目前正在逐渐向科学化方向发展，对于师生而言，体育教育已经不再是单纯的知识和技能的传授了，而是在全新的教学理念下，师生都是在改革浪潮的推进下学会了思维的创新，体育教学也正是在这样一个时期中得到了发展。由此看来，对于体育教学而言，思维创新就是前提，学生不仅会受到诸如记忆力和想象力等智力因素的影响，同时还会受到兴趣和爱好等感性因素的影响，是这些因素组合起来共同对学生的体育学习起到或多或少的作用。在已经具有了现代先进思维创新的体育教学中，教师应当将学生视作是教学活动的主体和对象，充分关注他们的心理和生理状态，激发他们的创造力和想象力，从"要我学"转变为"我要学"，这可以说是体育学习的最佳状态了。本章主要从体育教学思想的创新、体育教学方法的创新、体育教学过程与评价的创新三个小节来论述体育教学思维创新及其实施。

第一节 体育教学思想的创新

体育教育经过多年的发展，已经成为学校的一项重要教学活动，但仍存在很大的挖掘空间。创新作为社会发展的基础，体育教学同样需要将其作为发展的手段，才能适应学校教育事业的改革。其中，创新的思维能够给从事体育事业的教育工作者带来新的教学理念，引导教学活动的创新性开展。

一、体育教学中思想创新的必要性

研究显示，在体育教学中将思想创新融入进去，就会起到意想不到的效果，在这里，我们将主要从两个方面来进行叙述表现它的必要性。其一，体育教学受传统的思想的影响较深，因而体育方面的教育教学改革难度较大，工作很难开展；其二，思维创新本身就具有极强的创造性，它本身的先进性特征也能够帮助体育教学改革不断向前发展，由此提升体育课程的教学质量和效果。

为了打破传统的、墨守成规的教学思维模式，学界中出现了一种全新的教学方式——启发式和讨论式教学，这些教学方式的目的都是培养学生的创新意识和独立思考能力。这些新教学模式在体育教学中的应用，一方面让师生都意识到了自己在教学活动中所真正应该扮演的角色，学生的主体地位有所提升，也在课堂上获得了更多展示自己和创新学习与思考的空间。举例来说，在体育课堂上教师可以组织不同小组间的对抗赛，在比赛结束后，教师可以及时指出学生在赛中所出现的不足，不论是在动作技巧上，还是战略战术上，尤其重点应强调和培养的就是学生的集体意识，让他们认识到合作在体育运动中的重要性。除此之外，也应当让学生打破自己的固有思维定式，不再是仅有简单的进攻或防守，在赛场上是有非常多突发情况发生的，通过细心的指导，要让学生培养起自己的临场应变能力。还有，思维创新不仅是体现在教学思维和教学模式上，从教学制度和教学方法等方面也应当表现出体育教学的创新性，这就可以使可持续发展的教学精神和理念在体育教学中得到贯彻和延续。

综上所述，我们在学习教学体系中所发现的一些问题都是可以通过创新的方式来改变的，除此之外，也能够在一定程度上提升教学的效率和质量。最重要的是，思维的创新能够将体育教学从传统思维的桎梏下"解脱"出来，变得更具有多元化和趣味性，这就可以将学生的学习积极性激发出来，进而提升他们的学习效率和质量。

二、体育教学中思想创新的养成

在教学活动中，教师是教育的主体，学生是学习的主体。而在这一对关系中，存在需要改进和协调的方面，特别是处于教育主导地位的教师，在教育观念上应该积极探索，创新教学和方法，缩小教学过程中的"标准化"，人才培养模式的单一化、功利化等不利因素的影响，使教师在教学思维和方法的创新上与学生自我意识、独立意识、创造意识结合起来，这不仅对教学思想有积极作用，而且对教学模式、方法改革都有着积极意义。

（一）体育教学中思想创新的内涵

一般情况下我们所说的创新，指的就是使我们的思维方式不再受传统思维方式的影响，可以将之前认知中熟悉的事物进行重新解读，也就是说可以从不同的角度认识熟悉的事物，将其中没有注意到的部分或方面挖掘出来。从学校体育教学的方面来看，创新就是表现在体育教学的方式、计划、目标以及体制等方面，这一举措可以从新的角度出发重新认识体育，培养学生的创造性思维，以此来为学生的未来发展打下良好基础。要想最终达到创新的目的，就要在创新思维的引导下完成，这样的创新型思维才是行之有效的。创新性活动其实从本质上来看，是十分复杂的，从心理和智力的角度来说都是如此，它所具备的最基本特征是新颖、原创和突破。我们以体育教学中的散打武术为例，在其中是没有固定的动作模式的，像拳法、腿法等都是通过组合来完成对战中的防守或攻击，由此看来，要想取得胜利，就要灵活应用这些技术方法，不能运用传统的思维模式来思考，要从多种角度进行复盘和战术制定等。教师在课堂上也要尤为强调"实战"观念，让学生在学习的过程中可以身临其境，这样才能快速掌握运动技能，在正式的比赛中取得成绩，这也是教学有效性的一种有力体现。

（二）正确认识教学中的思想创新

教师在教学工作中要想取得成就，得到学生的赞许，不但要有一定的智力水平，还要有坚强的性格。教师职业与其他职业不同，教师在传播文化知识的同时也在塑造人们的灵魂。所以教师的第一位要讲"道"。"道"是事物自身的变化运动规律。第二位要讲"德"。"德"就是老子说的品质。这就需要教师个人不断用社会的"道"和"德"去修养自己，使性格既适合于个人身心发展又符合所在社会的准则。

做好高校教师工作，需要思维创新的养成。特别是在高等教育进入了大众化阶段后，在大学特色、学科特色、创新机制、创新氛围的呼声越来越高之时，高等院校迎来了发展机遇,同时也给教师带来了巨大的挑战。要培养具有知识、品德并具有创新精神的人才,这就需要承担此重任的教师有一种思想观念作为其追求的理想,才能指导行动。有了思想,才能谈到人的道德、价值、精神。创新是大学理念的一个重要组成部分。

(三)体育教学中思想创新的途径与方法

教师教学最重要的是要"有的放矢",要了解学生喜欢的是什么,关心的是什么,学生对这个专业的了解有多深。只有把这些弄清楚了,教师在备课、讲课时才能做到心中有数。在面对哪些该详讲,哪些该略讲,该采取哪种方法和教学模式等问题时,教师才会从容应对。

在教学内容上,教师要深入消化教材内容,领悟教材精神,讲课时要言之有物,不能空洞。教师传授知识要深入浅出,让学生能听明白,不能让学生一头雾水。只有在了解了学生,知道了专业课程内容,掌握了培养机械工程人才的构建模式之后,教师在授课内容、方法上才会思路开阔,不拘泥于教材,才会不断涌现新想法,创新教学方法和理念。一边教学,一边改革,久而久之,教师就有可能创新出一种新的教学模式,闯出一条新路,摸索出一套符合现有教学模式的新教法。

教师的工作是一项富有创造意义的工作。平时的备课、讲课中都浸透着教师的智慧、思想。这里面有一个教材和教师讲授的关系。教材就是教科书,它是学生获取知识的主要来源之一。但教材含有的知识容量有限,所以讲授这个环节对学生是不可或缺的。教师在讲授之前就要温习教材,查找资料,对教材做二度消化,要结合教学的要求和条件,结合学生的特点,从教学的角度出发,教师对自己已学过的讲授内容,进一步做创造性的理解。

(四)体育教学中思想创新的思考

在学校的教学过程中,教师要培养学生的创新意识,要大力推广启发式教学,摒弃传统程式化教学。其实这种启发式教学模式的内在核心就是思维创新,旨在培养学生的创新思维,也就是说教师不是不教,而是将学生放在了教学的主体地位上,自己转而只是扮演引导者和指导者的角色,只有这样学生才能真正学会自己学习,能力也才能够得到切实提升。在这样教学模式的培养下,学生才可以朝着自己的前进方向去努力，不再是"傀儡式"地被教师牵引着走，而是可以离开教师自己成长了，也只有这样才能真正成长为人才。要培养学生自主学习的精神，培养其发现问题的意识，培养其善于通过实践学习知识的能力。

三、体育教学中思想创新的基础

（一）认清体育教学本质

对于体育教学而言，不仅是简单的知识的继承，而是为学生提供展示自我和创新发展的空间和平台。我们可以将学生的创新素质分为几大类，分别为思维创新、创新能力和创新意识等。因此，要想提升创新能力，学生要做的就是在以往我们熟悉的事物本身或之间找出不一样的方面和关系，从而将自己的创新思维和意识引导出来，同时对于树立创新理念、培养敏锐的观察力等都是十分有帮助的，但是这个过程当然是要在民主和谐的教学范围内完成才是可以的。除此之外，教师在教学活动中也要积极引导学生突破固定思维的禁锢，从不一样的角度去看世界，以此来拓宽他们的视野和豁达的胸襟，最终能够提升他们的综合实力和水平。

（二）认清体育教学目标

在体育教学的过程中，认清我们前进的方向究竟是什么，这是十分重要的。体育教学的目的不是简单的锻炼身体，况且那些身体素质不佳的学生仅仅通过每周几次的体育课程也是无法达到提升身体素质的目标的。其实，真正的体育教学目标是培养学生坚强的意志力和良好的体育锻炼理念和习惯，通过体育教学，学生可以改变以往对于体育课程的看法，从不同的角度认识到体育本身的魅力所在，明白我们进行体育锻炼的真正目的，从而主动参与体育活动中去。

（三）更新体育教学内容

从体育教学内容的角度来看，创新体现在学生的生理和心理健康以及多个学科之间的发展需求等内容上。由此看来，针对体育教学内容的改革，应该在其中添加有关健康教育和安全教育等方面的知识，完善学生的知识体系，只有体育运动相关的知识是行不通的。除此之外，还要在课堂中渗透有关体育日常锻炼和日常养护的相关内容，以方便学生在日常锻炼时遇到问题不至于手足无措。同时，还要培养学生的健康饮食和卫生习惯，加强对心理和生理等方面的关注和疏导。在体育的理论课程上，要将体育知识和社会以及国家的未来发展结合在一起，使学生的视野和知识体系得到拓宽，同时这也是将学校体育与社会体育连接在一起的一条有效途径，甚至理论的教学不一定要与实践教学齐头并进，是可以超前于实践学习的，这对于学生的体育理念发展是十分有帮助的。

四、体育教学中的创新体系的主体内容

（一）体育教学中对教师思维创新的要求

1. 教学方法的创新

从教学方法的角度来看，教师在课前就应当对教材进行充分研读，对可能在课堂上发生的情况做好充分准备，充分了解学生目前的心理和生理状态，做出多种教学方案，以便随机应变。显而易见，世界上是不存在最好的教学方法的，所存在的只是真正适合学生的教学方法而已。教师在进行课前准备和课堂教学的时候一定要遵循的原则就是从实际出发，所有的创新都是在实际的基础上来完成的，始终保证教学方法和内容的趣味性和生动性，这样才能不断吸引学生的注意力，才能创造出舒适的、适合进行体育学习的教学环境和氛围。

2. 教学手段的创新

从教学手段的方面来看，如今国家的科学技术水平在不断向前发展，也在不断向下普及，众多多媒体技术开始出现在课堂之中，这在一定程度上为体育教学手段的创新提供了新的思路，丰富了信息的传递途径。从最终的教学内容的呈现方式上来看，知识变得更加形象生动，学生的学习和创新也有了更为广阔的空间和更为轻松愉悦的环境。

（二）体育教学中对学生思维创造性的培养

1. 体育教学中学生思维创新的影响因素

（1）主观影响因素

指的是人本身所具有的内在影响因素，它会对体育创新活动起到或促进或阻碍的作用。创造性理论认为，创新活动能否正常进行，人的创造性思维能够顺利

发挥出来，社会环境在其中是起到了很关键的作用的，但这其实仅仅是外因，最为关键的还是人本身所起到的作用。

（2）多向思维能力

多向思维是相对单向思维而言的。人们在解决日常问题时，往往习惯于遵循某一固定的思维模式进行，这种"单向性"和"固定性"的特点，容易造成思维惰性和僵化。

（3）联想思维能力

是指从一个事物想到另一个事物的能力。思维创新的本质就在于发现原来没有联系的两个事物，人们想发现其中的联系，联想就是一种有力的引导作用。

（4）捕捉灵感的能力

是指具有将转瞬即逝的灵感思维结果及时加工成为创新设想的才能。捕捉灵感能力是创新能力的重要环节。灵感的产生同艰苦的思维劳动、丰富的知识与实践经验以及信息的刺激触发等因素有关，而及时记录下灵感思维的内容，防止稍纵即逝，保持思维热线并及时向纵深扩大思维成果，都是捕捉灵感的好方法。

（5）客观影响因素

显然，人的创造性行为是受到外在环境很大的影响的，这种影响可能是积极的，也可能是消极的，这在社会各个阶层和行业中都是有所体现的。体育的创新思维本身就是客观存在的，因而也自然会受到其他客观因素的影响，良好或优越的环境自然对激发人的创作力是有促进作用的，但相反恶劣的环境对于创造性活动的开展是具有抑制作用的。

（6）体育环境

就是对体育创新活动直接产生影响的客观环境。人的创造力虽然和社会历史及历史环境有直接关系，但创造力的实现还离不开具体的工作环境，它的影响力较之社会环境来讲更直接、更大。

（7）人际环境

从某些方面来看，决定人创造性活动能够顺利进行的还与人本身的社会性和团体性有关。

（8）信息环境

它在创新过程中极为重要。创新者把吸收来的信息和原有信息综合起来，围绕新目标进行加工处理，形成新的思想和方案，并加以实施，从而取得成果。

（9）实验环境

任何新事物、新成果都需要经过实验验证后方可投入使用，体育创新也不例外。因此，实验环境的优劣与否，也是直接影响创新的重要因素。

2.体育教学对学生思维创新的培养

（1）教师和学生形成民主、平等、和谐的师生关系

良好的师生关系指的是教师和学生的地位应当是平等的，他们在参与教学活动过程中对于彼此提出的意见都是相互尊重，同时是以一种民主的心态来面对对方。在课堂上，我们也可以将教师与学生之间的关系看作是一种合作关系，而良好合作关系的特征就是主动、双向和和谐的，不是压制与被压制的关系，在不良的环境下工作和学习都是十分痛苦的。

教师在新型的教学模式中扮演的角色应当是引导者，教师和学生虽然在年龄上有一定的客观差距，但从心理上他们却可以是很好的朋友，和谐、良好的师生关系是正常开展创新活动和创设创新环境的基础。有了这样的师生关系作为基础，学生自然就会对学习有更多的兴趣，学生的创新能力才能得到发挥，学习质量有所提高也是必然的。例如，在对低年级学生讲解齐步走的要领之前，可以先让学生模仿动物行走的姿势，学生之间互相观察和分析，之后再讲解有关齐步走的相关内容，让学生进行比较、评判。教师在教学的过程中要将学生看作是一个独立的个体，让他们在相对宽松和舒适的环境中学习，在同时也可以培养学生勇于发言和竞争的精神，让他们充分发挥自己的创造性才能。

（2）教师应富有创新精神

教师是体育教学思维创新的发起者，所以教师应该首先成为一个富有创新精神的人。在实际的体育教学实践活动中，教师要注重对学生综合能力的培养，其中可以重点突出对于创造性才能的挖掘，同时自身也要为学生树立良好的榜样，为他们提供良好、积极向上的学习氛围和环境。除此之外，教师要鼓励学生多发表自己的见解，多与教师和学生进行讨论，不能故步自封，要积极去探寻新的教学和学习方法与手段，让学生在愉悦的环境中完成学习的过程。教师不可将课堂的大部分时间都花费在知识的讲授上，要为学生提供自己思考的空间，这样才能使学生的创造性和发散性思维能够快速被培养起来。

教师要为学生提供多种解决发散性问题的方法，启发学生独立地去创造解决问题的途径和方法，以训练学生的创造性思维。要鼓励学生大胆提问，重视培养学生发现问题和提出问题的创新能力。这就需要教师经常学习和补充最新的体育运动知识和理论，平时多学习和积累前辈的成功经验，灵活地掌握先进的教学理念和方法，以便应用到教学实践中去。只有自身具有创新精神，富有创造力，才能培养出具有创新精神的学生。

（3）教师要明确指示与身体活动的关系

首先，教师要明确体育课程的主要内容，就是使学生放下手机和书本，多多活动自己的身体，由此看来，体育课堂上的重要影响因素就是运动量和运动负荷。那么，我们对于体育创新教育的评价则主要集中在学生活动量的设置及其合理性，以及学生知识的储备程度和师生与生生之间的互动程度等方面。

其次，教师和学校对于学生体育课程的质量的评判，主要是集中在以下几个层面：其一为运动技能水平是否得到提升；其二为知识储备量是否增加，知识的广度和深度是否有所扩大；其三为对于运动技能的理解方面是否有所加深。

最后，我们要明确的是，学生在体育教学中所呈现出的结果虽说很大部分是与学生本人的努力程度密切相关，但我们也不能忽略客观遗传因素所带来的影响，如身高体重和体能素质等。显然，体育课程中的个性差异性表现是明显要比其他文化类课程突出的。

创新教育是一个民族、国家兴旺发达的不竭动力。它是一个长期的渐进的过程。有时创新效果是隐性的，不能及时显现出来，所以我们不能急于求成，要明白欲速则不达。

作为一名合格的教师，应注重学生的生活学习环境、氛围，接受教育的能力的不同，不能"一刀切"，要因材施教。教师要尊重学生个性思想的发展，这样才能培养出具有创新精神的学生。

五、各教育理念在体育教学中的应用

（一）人文教育在体育教学中的应用

人文教育主张以人的和谐发展为目标，最终目的是通过教育促进人的尊严、人的本性、人的潜能得到最大限度的发展，最终促进学生全面综合型发展。

培养学生的人文素养：首先，要加强对体育教育工作者自身人文素养的培养。只有保证高校体育教育工作者自身具备良好的人文素养，才能够在教学实践中自觉践行人文体育思想，才能够促进人文体育思想在体育教育教学活动中的落实，促进体育教育作用的发挥，为学生的健康成长提供相应的支持和保障。基于此，高校应该定期组织本校体育教师参与继续培训活动，并引导教师积极参与到专题讲座活动中，促使体育教师在日常生活中养成良好的习惯，在生活和工作中自觉吸收人文体育方面的知识，为人文体育教育的贯彻落实创造良好的条件。其次，要加强人文体育校园文化建设。学生作为学校中的个体，在学习和生活中必然会受到校园文化潜移默化的影响，所以在践行人文体育思想的过程中，学校应该在校园文化环境中融入人文体育精神思想。在具体操作方面，学校可以尝试组织多种类型的体育社团活动，在学校内营造良好的体育运动氛围，并且通过校园广播等为学生播报经典的体育赛事、体育历史方面的内容，让学生在日常生活中能够加深对体育运动的认识和了解，并养成相应的体育运动习惯，促进学生终身体育运动意识的培养。

（二）休闲教育在体育教学中的应用

我们对教育的理解应该是，人们通过教育能够从繁忙的生活中得到身心的休整，同时通过教育人的个性和品质得到完善和提升。从目前社会上人们对教育的重要程度上看，休闲教育已经开始在一些学校中得到了应用，从教学结果上看，学生的身心得到了放松和完善。由此，目前已经有众多高校都参与休闲教育的大队伍中来了，对于学校而言，就是要在教学体系中潜移默化地加入休闲教育的思想和相关内容，同时根据不同年龄阶段学生的需求进行个性化的创新和改变。

在高校的众多课程中，只有体育课程是主要在户外空间完成的，由此看来体育就成了传播休闲教育思想的"不二人选"。我们如果将其他室内教学学科看作是各个行业和领域中知识的量化，那么体育就能够很好地将休闲教育融入平常的教学中，学生能够在体育课上获得片刻的放松，身心也能够得到休整，自己的个性化需求也能够得到充分满足。

第一，要将休闲教育的理念充分体现。高校的管理者和各部门领导应当充分认识到体育教学的重要性，不论是从政策方面还是资金方面都应当给予充分的支持，鼓励体育教育和休闲教育二者的融合。除此之外，高校的体育教师也要加强相关知识的学习，学校也可以为教师提供相关培训或实习机会，将培养学生的学习兴趣放在教学的首位，培养学生正确的体育观念和锻炼理念。与此同时，还要将日常的健身理念和运动方法等知识潜移默化地传授给学生，让他们在自己的闲暇时间内也能够在运动和身体素质等方面有所提升，可以找到一套适合自己的健身方案，为日后"终身体育"理念的树立打下坚定基础。

第二，从教学方法角度来看待休闲教育理念的融合，就是要从内外两方面入手，意思就是要将学校体育的室内教学与室外教学有机结合起来，同时一些条件较好的高校可以拨出一些资金去进行体育场馆的建设，使体育课程中一些适合在室内学习的运动项目有活动的空间。一般来说，适合在室内进行学习的体育运动有健美操、武术、瑜伽和体育舞蹈等，而适合在户外进行的就是那些我们熟知的球类运动和其他极具竞技性质的运动了。

（三）终身运动在体育教学中的应用

高校体育在学校体育中占有十分重要的地位，我们甚至可以将它看作学校和社会体育的连接点，不仅可以帮助学生树立起体育锻炼的终身思想，同时对于社会上居民建设和完善全面健身计划也是十分有利的。由此，只有将"终身体育"的理念融入日常教学中，才能适应社会的发展和变化需求，才能使学生和居民都得到成长。

第一，从最基础的体育观念入手，为树立终身运动奠定良好的思想基础。为了保证学生能够一直坚持参加体育锻炼活动，教师要从思想方面入手对学生的理念进行转变，在这过程中学生自然而然就会树立起终身体育理念。除此之外，教师还可以在无形中推动学生自主学习能力的养成，学生有了自主学习的积极性，自然也会培养起学习的乐趣，才能真切认识到体育锻炼的重要性。

第二，从体育课程的角度出发来帮助树立学生的终身运动理念。需要注意的是，在课程方面遇到问题时，切忌拖延，要立刻寻找解决问题的方案，将其扼杀在萌芽时期，学生体育学习的连续性才能有所保障，只有在时间方面不断延续，才能让学生切实体会到体育锻炼的优越性，才能意识到终身体育观念是十分有必要的。与此同时，当学校的体育课程完善后，教学体系变得更加清晰明了，教师安排教学计划也就更加方便，除去那些不必要浪费的时间，学生自然就有充分的时间去吸收更多、更丰富的知识，培养起体育学习的爱好，就会自然而然将体育锻炼继续下去了。除此之外，高校还应该注意对于体育教材的更新换代，以往传统的体育知识已经不足以满足当代社会的教学需求了，要在其中添加进一些现代的体育学习理念，而终身体育就是其中很重要的一部分，甚至要将其作为教材编制的主线，将学生的个性化需求也包含进去，这样才能吸引学生重复阅读和思考。不仅是教学内容和体制等方面，教师本人也要时刻关注前沿的教学和体育领域的信息，及时为学生输送新鲜的知识，同时应用多元化的教学模式和手段，将学生的教学兴趣激发出来，烘托出良好、舒适的教学气氛和环境，让学生认识到体育锻炼的重要性，这也为日后他们终身体育理念的养成打下了坚实的基础。

第二节 体育教学方法的创新

一、体育教学方法的概念

所谓教学法，指的是经由具有丰富经验的教师总结归纳出来的教学方法，这其中是有一定规律可循的。而教学行为所指的则是略显随意的教师个体行为，多是偶然为之。

在学界中，对于体育教学方法的概念一直没有得到统一，下面我们将介绍几种概念：第一，体育教学方法指的是人们为达成体育教学的任务或目标而采用的途径或手段；第二，为了保证体育教学能够顺利进行，所采取的一系列教学措施和手段；第三，由体育教师进行主导所完成的运动技术程序。

二、体育教学方法的分析

（一）从综合性的角度看体育教学方法

一般我们认为，高校的体育教学和其他科目或形式的教学相比，具有一定的特殊性，它不仅需要有严密的组织体系，同时需要师生双方的高度配合才能够完成，不仅如此，教学方法的选用要充分结合学生的个性化需求才可以。我们对于体育教学的定位一般就是运动技术教学，从这个层面来看，整个体育教学过程中存在着非常多的影响因素，如计划与非计划性、显性与隐性等，这都与最终所选择的教学方法密切相关，不仅是教师如何教，学生如何学同样也是非常重要的，而我们对这二者之间关系的定夺和协调最终统一起来，就被称之为是教学方法。由此看来，决定课程主体的关键就是教学方法。从目前的教育教学现状来看，绝大多数学校会选择淡化体育运动技能在整个课程中的占比，逐渐将"健康第一"的教学理念提升到非常重要的位置上，这就在一定程度上使体育教学方法的改革变得有情绪化的趋势，传统意义上的体育课变成了"体育与健康"课程，原本十分受到关注的体育运动技能教学内容逐渐淡出了人们的视野，这种现象其实是不正常的。

显而易见的是，高校学生随着年龄的增长，在心理和生理等多方面已经明较中小学生而言更为成熟，如果我们仍然遵循上文所说的，将"健身"看作体育课程教学的主要内容，只是简单重复小时候体育课上常做的那些内容，如仰卧起坐、蛙跳和引体向上等，这是无法满足高校学习的身体运动需求的，长时间重复传统的跑、跳、投会引起学生的厌烦情绪，最终我们所看到的教学质量其实是不容乐观的。就算是最终达到了健身的目的，但这样的体育课程也是无法长久持续下去的。基于当代高校学生的思想和行为分析，我们应该引导他们走出自己的舒适圈，摒弃那些传统落后的教学理念和想法，以具有独创性的运动观念来吸引他们参加体育运动，找出其中一至两项自己比较适合的运动项目长期进行下去。与此同时，对于那些以竞技为主的运动项目，教师可以用较为灵活的方式去组织学生参加，不能"一棍子打死"，像足球、篮球和排球等通过长期训练，都是可以锻炼学生的合作和集体意识的，从中甚至能够体会到运动本身所蕴含的强大生命力，这些都是极易受到欢迎的。其中这种项目中激烈的对抗是可以激发出学生强烈的竞争意识的，同时这些项目也都是需要团队合作才能够完成的，在团队训练的过程中学生之间的人际关系得到了拓展，这也是更加符合当代大学生的需求的。由此看来，教师应当从运动方面入手，让学生从体育中体会到乐趣。经过研究显示，长期的体育运动对人们的心理健康也是有好处的，从思想上就可以使他们的视野得到拓宽，精神得到升华。由此看来，成为体育课程主体的必然是运动技术项目和必要的教学方法了。

对于体育运动技术的学习不能一概而论，而是要根据不同学生的生理特点进行灵活变动。由此看来，教学方法的选择一定是要在充分了解学生心理和生理特点的前提下才能进行的，这样才能达成教懂、教会大学生的目的。那么，归根结底，我们究竟该如何保证高校学生的学习质量，提升他们的学习兴趣呢？教师所采用的教学方法在其中就起到了非常重要的作用。众所周知，体育与其他类型的文化科目相比是有很大不同的，它所教授的主要是技术动作，是比较偏向实践性的一门学科，同时它与人类文化和科学技术的发展也是紧密相连的，在人们日常的工作和学习中也起到了非常重要的作用。不仅如此，体育课程的绝大部分时间都是在户外进行的，这也是学生十分喜爱的一种教学方式，在体育课程中学生可以学习到有关意志和品格的相关内容，团队精神和集体意识也能够得到培养。综上所述，体育课本身应当是深受大学生喜爱的，他们也应当是在轻松和舒适的环境中完成体育课程的相关学习，而兴趣就是最好的敲门砖，只有对体育学习的兴趣达到了一定的水平，才能够一直持续下去，而合理和科学的教学方法就能够很好地达到这种目的和要求。

（二）体育教育方法的分类

1. 技术教学方法

技术教学方法主要应用于动作复杂的教学内容，而这样的教学内容自然也会持续比较长的时间，技术含量相对较高。要想灵活地运用这种方法，我们只需要记住一点，就是"化整为零，分而治之"，意思就是对于复杂的动作我们可以将其进行拆分。根据动作技术分解的不同性质，我们还可以将技术教学方法分为分段分解法、分化分解法和分工分解法三大类。

2. 组织教学方法

组织教学法中所体现出的主要就是"平等"的教学理念，它的目的是为学生提供一个更为舒适和适宜学生的环境和空间，为他们争取更多活动的机会和时间，基于此学生自然就会对体育学习抱有更大的热情和激情。根据教学的具体思路不同，我们可以将其分为分流法、循环法和游戏竞赛法三类。

3.教学组织方法

教学组织方法主要的研究对象是集中在一个经系统安排和设定好的教学时段内。一般按照组织和安排的方式不同，我们可以将其分为循环分期法、均衡对称法和综合恒定法。

三、体育教学方法创新的建议

（一）培养学生创新意识

要想达成体育教学创新的成就，其中一条高效的途径就是着重对学生的创新性思维进行培养。从当前各大高校的体育教学现状来看，它们大多数都将健身和娱乐二者进行了有机结合，这也是顺应时代发展潮流的一种做法，只有这样才能培养学生学习体育的兴趣，让他们积极投身于体育活动中来，参与率提升了，学生才能不断提出关于体育课程建设的意见，才能不断进行创新。

（二）引进创新型体育教师

要想对高校的体育教学实施创新和改革策略，我们就应该将重点放在教学方法的创新上，由此完善的师资队伍就成了必不可少的关键因素。要想培养具备创新素质的教师队伍，我们可以通过多种渠道来实现，如在校培养和专业校外培训等。不仅是专业知识和教学理念方面的学习，教师的教育教学素质也应该得到切实增强，这就要求高校的管理者们要将眼光放得长远一些，才能进一步实现体育教学改革的目标，才能进一步优化体育教育教学体制。

事实证明，创新是离不开实践的，而就算是创新型人才也需要有能够施展自己能力的空间和平台，只有不断实践才能不断积累经验，才能真正实现创新。对于体育教学的创新而言，也是需要创新者——体育教师充分联系实践情况才能够完成的，在实践中探索和创新，同时还要求将理论知识融合到运动技术技能的教学之中，以在运动过程中培养学生的创新性思维和意识。

第三节　体育教学过程与评价的创新

一、体育教学过程的创新

（一）体育教学过程的概念

体育教学过程大体上可以分为五个层次。第一，超学段体育教学过程。也可理解为是总的体育教学过程，它是学生在国家规定下需要接受的从小学阶段开始，直到大学毕业的体育教学过程。这一教学过程其实是十分漫长的，从九年义务教育到高等教育都包含在内。因此，我们也可以将其认定为是体育教学所要包含的全部过程。第二，学段体育教学过程。举例来说的话，像是小学阶段和中学阶段都是属于学段体育教学过程的。第三，学年或学期体育教学过程。这类似于小学三年级的体育教学和高中二年级的体育教学。第四，单元体育教学过程。这一教学过程所包含的时间非常短，基本上都是以学时为单位，如24学时的排球教学单元。第五，课堂体育教学过程。这也是最短的体育教学过程，一般是以分钟或小时来计量的，通常就是一节体育课的时间。

（二）体育教学过程的性质

1. 体育教学过程是学生对运动技能提升的过程

体育教学过程是学生对运动技能进行掌握的过程。从本质上来讲，体育课程的教学就是在身体练习不断反复开展的过程中，使学生能够对运动技能进行掌握，同时，在对运动技能掌握的前提下在接受其他方面的养成教育，同体育课程不同，其他学科的教学过程实际上就是，使学生对概念进行识记，并且对推理、判断等思维方式进行应用，对科学知识进行掌握，同时使学生的智力得到发展。因此，我们可以将体育教学过程理解为学生对运动技能进行掌握的过程。

2. 体育教学过程是学生运动素养提高的过程

对运动技能进行掌握的前提是使运动素质得到提高，同时，还要使大肌肉群的运动素质得到有效提高，运动技能与运动素质提升之间存在的关系是互相促进。所以，体育教学过程可以理解为是使学生运动素质得到不断提高，且以此能够使学生体能得到增强的一个过程。在体育教学活动开展的过程中，重视学生掌握运动技能程度的同时，还应该对学生运动素质的提升给予一定关注，并且，在对体育教学进行设计，对体育教学进度进行安排，对体育教学内容进行选编的过程中，将运动技能与运动素质的提高紧密地联系在一起，保证二者的协调发展。

3. 体育教学过程是学生运动认知的形成过程

体育学科作为一门综合性课程，包含自然学科与人文学科。在体育教学活动开展的过程中，不仅强调学生对运动技能的掌握，还会组织、安排学生对其他知识进行学习，获得一定的运动认知。在某些时候，这也是运动技能掌握与运动素质提高的重要前提条件。所以，体育教学过程也是对体育知识与运动认知进行掌握的一个过程。

4. 体育教学过程是集体学习与集体思考的过程

体育教学的教学形式主要以"集体学习"和"小集体学习"为主，之所以这样，原因在于绝大部分的体育运动项目的完成都是通过集体形式或者小集体形式进行的，此外，现阶段的体育教学目标也更加倾向于学生的集体学习，旨在使集体教育的潜在作用能够得到充分的发挥。同时，在体育教学中，集体性学习与集体性思考能够使教师与学生之间、学生与学生之间的沟通和互动得到加强，同时，还能够促进学生社会适应能力与社会交往能力的培养，所以，对于体育教学过程，也可以认为是开展学生集体性学习与集体思考的一个过程。

5. 体育教学过程是对运动乐趣进行体验的过程

从生理学的角度上来讲，学生体育学习的过程是一个充满累和苦的一个过程，是对学生身体实施生物学改造的一个过程，同时，是对运动固有的乐趣从身体方面与心理方面进行体验的一个过程。这种乐趣体现了体育运动的生命力，同时是体育教学的重要内容与目标，还是对学生体育参与意识进行培养的重要手段与途径，是终身体育运动开展的前提条件，所以，对于体育教学过程，我们可以理解为学生对运动乐趣进行体验的一个过程。

（三）体育教学过程的创新

1. 体育教师教学优化

使体育教师的主体能动性能够得到充分发挥，也就是说教师的主导作用能够在体育教学过程中得到充分发挥。我们一般会认定体育教师为教学的主体，发挥着主导作用。通过对体育教学过程展开动态分析可以得知，教师的主导作用主要会在三个阶段体现出来，即体育教学的准备阶段、体育教学的实施阶段与体育教学的反思阶段。因此，在优化体育教师的时候，应该从上述的三个阶段展开分析。

（1）体育教学的准备阶段

在体育教学的准备阶段，体育教学方案得以形成，是指按照体育教学的理论与实际条件安排、规划、确定体育教学过程、体育教学目标与体育教学评价等。对体育教学方案进行优化设计，能够保证体育教学整个过程的优化。

（2）体育教学的实施阶段

实际上，我们可以将体育教学的实施阶段看作是对于教学过程的管理、组织和实施，这在一定程度上也是为达成体育教学目标所做出的具体化努力。我们通常会将这一阶段看得十分重要，这是因为教师在这一阶段所要完成的任务其实是十分艰巨的，如使学生的学习动机得到调动，学生的学习过程得到指导与组织，等。这一阶段也是对体育教学过程进行优化的重点。

（3）体育教学的反思阶段

体育教学的反思阶段，主要是指评价与反馈体育教学效果的过程，在这一过程中，需要对体育教学效果进行检查与评估，同时，这一阶段也是体育教学过程的最后一个步骤。体育教学评价的开展，能够使体育教学活动是否达到体育教学预期目标的问题从实际效果上得到解答，同时，还能够将基本的反馈信息提供给下一个体育教学过程。对体育教学效果进行科学、合理的评价，不仅是体育教师的重要责任，同时还是优化体育教学活动的客观要求。

2. 学生优化学习

在体育教学活动开展的过程中，学生是主体，具体来讲，学生自身的主体性能够得到发挥，同时，其主体性就是整个主体结构的表现功能。所以，在体育教学开展的过程中，学生的主观能动性应该得到发挥，对体育教学内容的选择进行参与，使体育锻炼与学习的动机、兴趣与愿望得到体现，通过体育练习活动的开展，使学生的运动能力、运动经验与运动技能储备等得到发展。

在体育教学实践活动开展的过程中，只有学生的主动性、创造性与独立性得到全面的发展，才能够保证学生对体育知识、体育技能有所掌握，使其自身的能力得到发展，促进合理主体结构的形成，如图 2-3-1 所示。

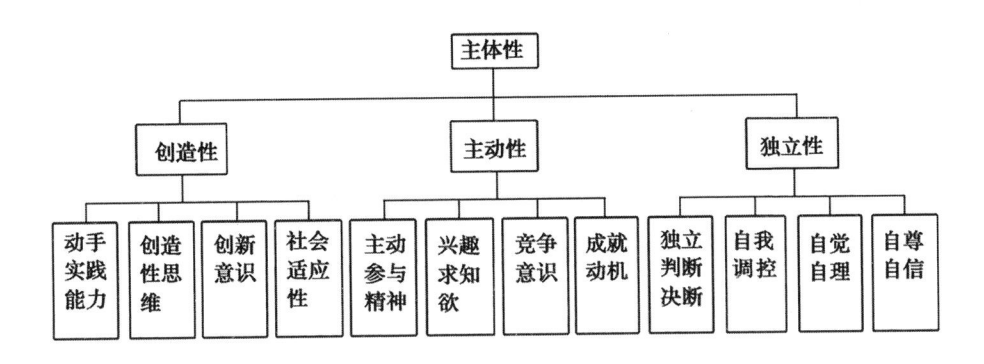

图 2-3-1　学生主体结构示意图

3. 优化体育教材

在优化体育教材，即体育教学内容的时候，需要对以下几个方面的要求给予重视：

（1）保证全面性的体育教学内容

我国义务教育阶段的主要目标是使学生的全面发展得到培养，为其将来接受更高层次的教育建立良好基础。所以，应该将体育锻炼方法、体育科学知识与体育价值观念等多个方面的内容紧密地联系在一起，只有保证体育教学内容的全面性，才能够为日后学生的全面发展创造有利条件。

（2）保证基础性的体育教学内容

中小学体育教学内容的基础性主要是体现在以下几方面上：学生通过体育运动能够满足最基础的身体生长发育要求，同时身体素质也会有所提升，保证获得扎实的体育知识与体育技能，促进良好体育锻炼习惯的养成，创造终身体育运动的重要条件。

（3）保证活动性的体育教学内容

体育教学内容是学生开展学习活动的主要材料，通过主题活动的完成，使学生掌握体育教学内容。体育教学内容的设计应该保证能够促进学生主体活动的开展，使学生的体育学习兴趣得到培养，也就是说体育教学内容应该是整体性的规划，主要从学生的思维、观察、体验、练习、互动与探索等方面出发。

总而言之，在对体育教学过程进行优化的过程中，应该同教师教学活动的科学组织与学生学习活动的有效开展紧密联系在一起，对体育教师教与学生学的双边活动科学地进行组织，同时，对体育教学的规律、体育教学方法、体育教学模式、体育教学的内部条件与外部实际条件要全面地进行考虑，从既定目标出发，使体育教学过程的有效作用得到发挥，促进最佳体育教学效果的实现。

二、体育教学评价的创新

体育教学评价主要是指在体育课程中一般性教学评价的具体应用，同时也是体育课程教学的重要环节。要卓有成效地开展体育课程教学工作，真正实现提高学生综合素质的目标，就必须在实际教学中贯彻新的教学理念，利用新的教学方式和丰富的、与实际社会生活相配套的体育课程内容来进行教学，而所有这些都需要有与之相对应的教学评价配合。因此，只有对当代体育课程的教学评价有较深入的了解，树立全新的教学评价观，充分发挥其在体育课程教学中的向导作用，才能更好地促进新课程改革背景下体育课程的教学工作。

（一）体育教学评价的构成

1. 教育评价

评价是客体对主体需要被客体满足程度的一种判断，属于价值活动。通过评价，使学生不断地学习、进步、成功，对自我充分认识，使能力的全面发展得到促进；根据反馈的信息，教师可以进行适当的调整，并且使自身的教学能力得到提高，根据学生情况进行教学管理方式的改善。

教育评价所涉及的范围很广泛，主要是指在教学目标和标准的基础上对学生和教师进行具体调查，评价优缺点进行改进。我们可以粗略地将教育评价分为：学生评价、教师评价、教学评价、课程评价、学校与教育机构评价、教育政策与教育项目评价等。

2. 教学评价的概念

体育教学评价，主要是指从体育教学目标与体育教学的原则出发，判断、评估体育教学的过程，以及所取得的成果。从体育教学评价的概念中可以得知，它主要将三个基本的含义包含其中。

（1）体育教学评价的开展需要从体育教学目标与体育教学的原则出发

体育教学目标作为一种评判依据，可以测试体育教学预先设定的成果是否已经实现，预期的任务是否已经完成；而体育教学的原则作为一种评判依据，可以测试体育教学开展的合理性，及其能够满足体育教学的基本要求。需要注意的是，上述的两个评价依据，在具备一定规范性与客观性的同时，还具备教育评价的信度与效度。

（2）"体育'教'与'学'的过程和结果"是体育教学评价的对象

体育教学评价主要将体育教学过程中的受教育者——学生的学作为重点对象，主要包含了对学生学历水平与品德行为的评价；此外，体育教学评价也会评价教师的教学，主要包含对教师教学水平与师德行为的评价。

（3）"价值判断与量评工作"是体育教学的工作内容

一般来说，"价值判断"评价是属于质性范畴的，一般所评价的就是体育教学的大致方向是否准确；而"量评工作"则是属于量性范畴的，评价对象主要是学生的学习效果，如身体和运动素质的变化，以及所掌握的运动技能数量等。

3. 体育教学评价的体系和内容

对体育教学评价而言，其结构的基本要因是"为什么评""谁来评""评什么""怎么评"这四个基本问题。

依据"评价什么"与"谁来评价"的主要因素作为横轴与纵轴对一个象限进行制作，就能够将体育教学评价的结构与内容图得出来，如图2-3-2所示。正如图中进行展示的那样，体育教学评价的组成主要包含四个大类，再细致划分的话，就是八个小类。如果也将如家长对学生评价的这种非主要性评价包含其中的话，就应该存在九种类别的体育教学评价，同体育教学课程评价之间存在非常密切的关系。

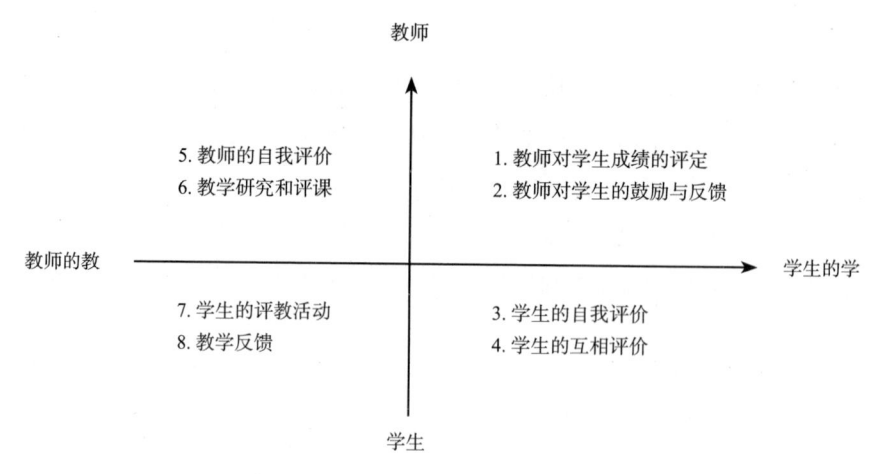

图 2-3-2　体育教学评价的结构与内容图

（1）教师的评价

在此种评价方式中，经验丰富的教师是主体，而体育教学过程与参与其中的学生就是评价的主要对象，之所以将它们作为评价的对象，主要是因为它们能够将体育教学效果反映出来。所以，此种评价方式一直以来都被人们关注。此外，对于体育学习过程教师做出的评价又存在两种不同形式，即在体育学习过程中，教师对学生进行的激励评价；当体育学习过程结束以后，作为学习结果，体育教师评定学生的体育成绩。

（2）学生的评价

此种评价方式主要包含体育教学过程的评价与体育教学效果的评价。评价形式主要有两种，即学生与学生之间的互相评价，学生的自我评价两种。并且，这两种评价方式，对于学生形成民主素养是有一定帮助的，同时，还能够在评价的实践中，使学生对自身民主权利正确行使的能力与对事物进行观察，对问题进行分析的能力得到不断培养与提高。然而，在应用此种评价方式的时候，应该要考虑学生的年龄阶段问题，年龄较小的学生不能够应用此种评价方式，我们在对学生的评价给予强调与重视的同时，还要注意不能对学生的评价完全依赖。

（3）其他评价

我们这里所说的其他评价，主要指的是对于体育教学，非教师与学生做出的评价，例如，对于学生体育学习家长做出的评价、对于体育教学家长教师联合会（国外的 PTA）做出的评价等，上述的两种形式都是其他评价。但是，此种评价方式只能是起到一定的参考性与辅助性作用，这主要是因为此种评价形式的主体并不是体育专业人员，并且没有在体育教学过程中参与。

4. 体育教学评价的功能

（1）导向功能

由于不同的评价标准会得出不同的评价结果，因此评价标准像一根"指挥棒"一样起着导向作用。评价之后的反馈指明了体育教学决策与改进的方向，如果做法获得肯定，那么在体育教学过程中将会对其进行强化；如果做法被否定，那么就需要对其进行纠正与改变。

（2）诊断功能

通过体育教学评价，体育教师对于体育教学的质量可以进行科学的、客观的鉴定，了解体育教学的成效和问题。体育教学评价就像是体格检查，能够科学地、严谨地诊断出体育教学的现状。对于体育教学评价越全面，自然对学生的评估就越准确，能够十分清晰地知道该学生是否完成了该学年所制订的教学目标和任务。不仅如此，它还能够帮助教师及时了解学生对哪部分内容的掌握还不够牢固，以方便日后对教学方案和计划进行调整。

（3）调控功能

体育教学评价的最终结果是将反馈信息提供给体育教师与学生，使他们能够对教与学的情况及时地了解，为体育教学活动内容与形式的调整提供根据。根据体育教学评价的最终结构，教师可以对体育教学计划进行修订，对体育教学方法进行改进，而学生可以对学习策略进行调整。体育教学评价对于体育教学过程向反馈与调节随时可以进行的可控系统的转变得到促进，使体育教学活动同预期目标越来越接近。

（4）激励功能

在体育教学的整个过程中，体育教学评价发挥的作用是监督与控制，是一种对体育教师与学生的强化与促进。通过体育教学评价，能够将体育教师的教学效果与学生的学习成绩反映出来，激励体育教师的工作热情与学生的学习动机。如果体育教学评价是科学的、合理的，那么就不但能够使体育教师与学生的心理满足与精神获得鼓舞，而且能够使体育教师朝着更高目标努力的积极性得到激发；即便是较低的评价也能发人深思，使体育教师与学生的奋进情绪得到激发，使推动作用与促进作用得到发挥。这是因为激励能够帮助师生清晰认识到自己的存在，从而明确自己还有哪些不足，以此为达到应有的教学质量和效果打下基础。我们对于体育教学评价所具备这种功能应该采取积极的态度，对学生尽可能地开展正面鼓励，避免学生积极性受到伤害的情况出现。注意在日常评估时尽量避免学生之间的比较，要帮助学生设定个人进步目标，使他们在每次参与身体活动时，充分感觉到自身的进步。

（二）教学评价的创新思维

体育教学评价的创新具有非常重要的意义，主要包含以下几个方面的内容：

1.对于评价中学生的地位给予重视，实现自评与他评相结合

体育教学的一个重要组成部分就是体育教学评价，学生既然是学习的主体，也必定是体育教学评价的主体。在体育教学过程中，教师占据着主导地位。由此，我们在评价学生的学习效果和质量时，应当将教师在其中所发挥的作用充分体现出来，但是，还要对学生的自我评价给予重视。对能够促进学生全面发展的评价体系进行建立，使评价主体单一的现状得到改变，保证体育教学评价的主体，不仅有体育教师，还要有班主任或者其他的任课教师；不仅要有家长，还要有学生群体，进而使体育教学学评价成为一种交互活动，需要教师、学生和家长的共同参与，将"评价主体互动化"体现出来。学生互评能够使学生在角色转换的过程中取得自学满足感，进而使比较鉴别、评判是非的能力得到提高，而学生自评则是能够使学生自我认识的能力与自我健身能力得到培养。

2.对于学生心理健康发展及体育学习态度、情感的评价给予重视

体育教学的最终目标是促进学生身心健康的全面发展，在对学生体育学习进行评价的过程中，在对运动技能获得与身体素质提升进行考虑的同时，还要将学生的心理健康发展作为考核的指标。根据学生的认识规律与心理趋向，对体育课程内容的考核与评价进行设计，学生体育运动参与的积极性能够反映出其自身的体育学习态度，也就是说，学生能不能对体育锻炼知识积极地学习，能不能主动参与体育锻炼中，能不能同他人主动进行体育交往等。体育学习的情感与态度等心理因素影响着学生的未来发展，所以，也应该将它们作为评价、考核的重要标准。

3. 对于学生终身体育意识形成的评价给予重视

显而易见，让学生参加体育锻炼和体育活动，目的就是培养他们形成良好的习惯，最终树立终身体育的意识。同时，学生参与体育课程学习和日常锻炼的积极性也能够有所提升，从之前的被动参与改为积极、主动地去参与，对学生良好的健身行为与生活方式进行培养，这是体育教学的重要目标。终身体育能力的培养是体育教学的一个基本任务。对于传统的体育评价体系我们应该进行改变，在评价开展的过程中，对于学生终身体育意识形成和发展的情况进行考察，保证体育教学评价能够对日后学生体育锻炼意愿造成影响。

4. 体育教学评价新方法——价值增长评价

价值增长评价，主要指的是利用统计方法，对经过一段时间学习以后，学生所取得的有"价值"的学业进步或学业成绩增值进行衡量。在体育教学过程中，通常每一学期或者每一学年学生取得的考评分数会通过价值增长评价的方式，向标准分转化，之后，通过对这些标准分的综合，对学生学业成绩曲线图（横坐标为考评次数，纵坐标为标准分）进行构建。尽管每一个学生的曲线图会有各不相同的形状，但是，如果能够对大量学生的学业成绩曲线图进行收集与比较的话，那么就能够发现它们共同存在的曲线特征，例如，在某段曲线范围，所有的曲线都呈现上升趋势或者下降趋势，由此我们就能够对体育教师的教学工作进行判断，也就是对教师能否保证学生取得有效的学习进步进行鉴别。此种对体育教师工作的有效性进行评价的方法，逐渐取代了传统体育教师模式的评价，即领导的评价、专家的评价、同事的评价。基于体育教师的教学效果来对他们进行评价即价值增长评价能够保证更加科学、客观地对体育教师进行评价。

第三章 体育教学模式的创新与实践

随着我国高等教育改革的不断推进，高校体育教学模式也成为研究者研究高校体育教学的热点问题之一。因此，探讨当前高校体育教育模式的创新与实践，符合我国高校体育教育改革的需要。本章从体育教学中的多媒体应用、体育教学中的分层次教学、体育教学中的俱乐部教学、体育教学中的翻转课堂教学四个角度，来说明高校体育教学模式的新发展。

第一节 体育教学中多媒体教学模式的应用

随着社会发展得越来越快，多媒体的应用也越来越多，且在人们的实际使用中表现出了非常多的优势。对于体育教学来说，运用多媒体使得课堂更加直观，学生可以通过多媒体对体育活动产生更深的印象，从而使教学更加生动、形象。

一、多媒体网络教学

（一）多媒体网络教学系统的概念

系统通常指的是一个有机整体，这个整体是由一些要素联结而成的，这些要素的联结是按照一定的结构进行的，从而使这个整体具有一些功能。系统具有一些普遍的特征，主要包括以下三点：第一，环境对系统可以产生某种影响，并且二者之间是能够进行相互作用的；第二，系统普遍都具有整体性；第三，众多要素相互作用，从而组成了系统。

在体育当中存在着网络教学系统，这种系统同样融合了多个要素，并且这些要素彼此之间会产生作用，教育融合通信、多媒体、网络等技术，从而使网络教学系统得以形成，这一系统为多媒体教学提供了前提条件。

在网络系统的基础上，教学和学习紧密地结合在一起，从而形成一个不断发展的整体，我们将这个整体看作是多媒体网络教学系统，在这个系统中，各种要素处于不同的状态，有静态的、有动态的，它们彼此之间存在着紧密的联系，使得整体处于不断运动变化当中。其中动态的要素指的是一些心理因素和无形的因素，像学习者的情感、动机等都属于动态要素，学习和教学的一些策略也属于动态要素；静态要素指的是一些自然性的、人为性的、物化的要素，像噪声、教学利用的设备等都是静态要素。

（二）多媒体网络教学的特征

1. 多媒体教学技术的多维性特征

多媒体技术的多维性特征，主要指的是多媒体教学技术所拥有的对信息范围进行处理的扩展与扩大空间的能力，而此种多维性职能能够变换、加工、创作输入的信息，使其输出信息的表现能力得到增加，显示效果得到丰富。例如，在高校体育教学开展的过程中，利用多媒体系统进行辅助，不仅能够保证学生对文本知识的学习，使其对静止图片进行观察，并且在多媒体技术的支持下，学生能够清楚地观察、了解体育教师的动作演示，使高校体育教学效果得到加强。

2. 多媒体教学技术的集成性特征

集成性就是对多种信息进行同步，就算其类别不同，利用多媒体也可以将其组合起来，例如，声音、文字、图像等。除此之外，多媒体的集成性还体现在其对设备和工具的关联上，音响设备、视频设备等集成起来处理信息，这就展现了多媒体的集成性特征。总而言之，多媒体的集成性指的是在提供的各种设备上将各种媒体紧密地进行关联，使文字、声音、图片与音像的处理实现一体化。

3. 多媒体教学技术的交互性特征

多媒体教学技术的交互性特征，主要指的是人和人之间、人和机器之间、机器和机器之间的交互活动，也就是人和机器进行对话的能力。因为这一交互性特征，从而使传统的媒体设备和多媒体设备得以区分开来。根据实际的需要，人们能够选择、控制、检索多媒体系统，同时，还能够参与播放多媒体信息与组织多媒体节目的行列中。传统的只能对编排好的节目被动接收的电视机形式已经被打破。

4. 多媒体教学技术的数字化特征

多媒体教学技术的数字化特征，指的是多媒体通过数字化的形式对相关的信息进行存储和处理。多媒体技术是在数字化处理的前提下被建立的，例如，以矢量方式储存与处理的图形、以点阵方式储存与处理的图像、以数字编码方式储存与处理的音频和视频。在数字化技术发展的背景下，多媒体教学技术得到了广泛的传播与发展。上述是多媒体教学技术的四种主要特征，多媒体教学技术还有其他的一些特征存在，通常来讲，还拥有分布性、综合性与实时性等特征。实时性特征，主要指的是对同时间相关的媒体，如声音与视频信号等的处理，都需要实时完成。多媒体分布性就是对其数据的多样性进行了点明，在不同的时间与空间都会存在它的素材，并且在不同的领域中，它也得到了广泛应用。所以，对于多媒体产品的开发，离不开计算机专业人才参与的同时，更加需要的是听、视专业的人才。而多媒体计算机系统的存在比较明显的综合性，它不仅能够综合集成各种媒体设备，同时还能够汇集各种信息，使他们成为整体，促进综合效应的产生，不再是单兵作战，而是文字、图片、声音与影像的有机组合。

（三）多媒体网络教学的构成要素

1. 基于网络的静态构成要素

利用多媒体进行网络教学，在这个系统中共存在两个方面的要素，这个要素具有物质性，具体指的是软件和硬件的要素。

首先，要想使多媒体教学顺利实施，必须要有硬件要素进行支持，只有硬件要素到位了，才能使多媒体教学有一个平台作为支持。在现在的多媒体教学中，地网是最主要的硬件要素，为了使网络的作用得到充分发挥，通常会将天网和地网结合起来。天网指的就是卫星的接收机和接收系统，通过天网，可以使课堂中展示视频的信号更加稳定。地网在多媒体教学当中发挥着重要的作用，是静态要素中非常重要的一个方面。

其次，为了保障多媒体教学的顺利进行，我们可以将软件要素分为两个部分，分别是网络学习系统、基础软件。系统平台就属于基础软件的一种，其将计算机和用户连接起来，并对计算机内的各种资源进行组织和控制。

网络系统的构成包括多个部分，通过网络进行的学习管理系统、资源库系统等都包含在内。

网络系统中包含可以进行交流的系统，使师生可以通过网络进行实时或非实时的交流。

网络系统中还包含一系列辅助工具，通过对这些工具的运用，对于学习者来说，可以有效地将知识构建起来。

网络教学可以将一些特殊的例子列举出来，因为总有一些知识与总结出来的规则不符，而网络教学就会将这些不规则的知识标注出来，引起学生的注意，从而使学生对这一知识的掌握更加深刻。

网络系统中包含着资料库、优质教案、优质课程等提供了参考，从而使学习活动进行得更加顺利。

网络系统可以对学习进行管理，这一系统是自动的，学生可以通过其进行答疑、选课、成绩查询等活动。

网络系统中还包含对学习的评价，通过这一体系，可以按照一定的标准对绩效价值进行判断。

2. 基于网络的动态构成要素

网络教学中的关键因素就是人们的情感、态度等，这些因素都能够促进学习者的成长和发展，学习氛围、交互环境、学习策略等动态因素都被包含在网络进行中。

（1）交互环境

在网络环境中，交互是一种非常重要的方式，这和传统的肢体或者口头的交流存在区别，交互的形式主要包括三种。一是人际交互。这种交互是一种社会性的互动，主要发生在学习者之间、学习和指导者之间等，他们之间可以对一些问题进行探讨，并且分享自己的感受和体验等。二是学习的内容和人的交互，这种交互是在构建个体性的知识。三是自我交互。这种交互是在网络环境下，学习者进行自我的激励、评价和调整等。

（2）学习氛围

在信息化时代，学习者通过网络来对问题进行探索，通过网络来学习相关的知识，网络可以形成一种育人的氛围，但是这种氛围的形成需要多方面的指导，学习者的行为、风格，课堂的导向，指导者的引导等都会对学习的氛围产生影响。在进行教学设计的过程中，需要设计一个环节使人人都能有机会表达自己的观点，使学习气氛更加民主、平等、和谐。而这种良好的气氛又会使得学习者愿意进行探究、协商，对自己的观点进行呈现，从而使学习者可以从不同的角度来对问题进行解析，更加深入地理解问题、看待问题。

（3）教学策略

在教学目标的指导下，在某种情境中，控制、调节教学活动的执行过程就是教学策略。教学策略是学习者通过网络教学构建自己知识和能力的过程，由此学习者可以将自己的知识体系构建起来。教学策略可以对学习者形成引导，促使学生进行自主学习，引导学生进行协作学习。教学策略如果是在网络环境的前提下，那么我们可以将其分为三种，分别是情境性、社会性和主动性的策略，多种策略使学习者可以进行自由选择，从中找到最适合自己的，从而达到目标。研究网络教学系统要考虑动态和静态两方面的因素，不能只对一方面进行考量而忽视另一方面。如果设施不完备，或者是技术出现故障，那么动态的要素则处于主要地位，更多地影响着网络教学。如果设施完备，在物质方面的环境较好，那么动态要素同样也值得关注。动态要素和静态要素是相互联系的，他们使网络学习环境焕发出生机，表现出复杂化的特征，展示出多样化的特点。

（四）多媒体教学的优缺点及功能

1. 多媒体教学的优点

第一，多媒体教学具有直观性。多媒体教学帮助我们摆脱视觉上的约束，可以对所要学习的对象进行全方位的观察，从而加深对我们所要学习的知识的理解，使教师在课堂上能够取得的教学效果。通过多媒体，教师可以用视频或者课件来向学生展示一些难以看到或者较为抽象的事物，学生可以更好地掌握知识。

第二，通过多媒体教学，学生可以看到图像、文字、视频等，学生的想象力会因此得到激发，从多感官来体验知识，在这个过程中，学生的兴趣也会得到激发，有利于学生提高对课堂的注意力，促进学生学习的进步。

第三，多媒体教学具有一定的针对性，学生的基础不同，学习能力也不尽相同，这就导致了他们的学习水平被分为了不同层次，如何对不同层次的学生进行教学这是一个难以解决的问题，而多媒体则为这一问题提供了非常好的解决办法。

第四，通过多媒体教学，学习可以接收到更多的知识，多媒体教学使教师可以减少板书，这样就会节约时间，学生也可以学到更多的知识。

第五，多媒体教学展示出动态的特征，事物的发展可以通过多媒体进行完整的展示。

第六，多媒体教学可以实现"人机对话"，学生学习的参与度更高。

第七，多媒体教学可以对知识点反复进行播放，这样就使教师可以适当减少工作量，不仅如此，教师还可以将课件发给学生，让他们继续进行学习。

2.多媒体教学的缺点

第一，多媒体教学虽然可以进行简单操作，提高课堂教学效率，但同时也会产生一些问题，如果教师在进行画面切换的时候速度过快，学生很难对其中的内容进行快速思考，学生就会感觉到学习上的无力，从而逐渐丧失对学习的兴趣。

第二，多媒体教学主要是通过电脑屏幕，而这种屏幕往往是有限的，有的时候很难将完整的信息展现出来。

第三，在进行教学的时候，我们需要感情上的交流，而多媒体教学在感情交流上表现出一定的劣势，因为其主要是依靠人机之间的互动，从而削弱了感情上的交流。

第四，多媒体教学通常在成本上会比较高，各种设备都需要花费不少的金钱。

第五，多媒体教学虽然可以模拟环境，并且这种效果非常逼真，但是再逼真也不如真实去体验，让学生真正地进行实际操作比任何虚拟的活动都有效。

3.多媒体网络教学的主要功能

（1）技术方面，多媒体主要有以下六个方面的功能：

①教师可以通过多媒体来对学生机进行操作，这种操作主要是通过监控系统实现的，并且可以全功能进行监控。

②通过多媒体可以对信息进行相应的检索，从而获得相应的资源，因为多媒体服务器连接于网络，无论是学生还是教师只要有使用权限都可以对相应的信息进行查询。

③多媒体教学设备和教师机紧密地连接在一起，从而展现一定的集成性，无论是投影仪，还是录音机等都可以通过教师机来进行操作，从而使教学更加便利。

④多媒体教学展示出多向交流的功能，无论是师生之间，还是学生之间，通

过多媒体都可以随时进行信息的交换，从而实现交流的目的。

⑤多媒体教学可以使同步通信得以实现，也可以使异步通信得以实现，通过多媒体学生可以和教师沟通，并且这种沟通不会受到时间和空间的限制。

⑥多媒体教学使用起来是相当安全的，基本上在教学过程中，对内存的使用基本是零，并且远程命令由教师以及其他的教学工作者进行控制，一台教师机可以实现对全部学生机的控制，这对于教学来说更加便利，可以减少学生操作失误，从而使维护工作进行得更加便利，不会影响到教学，提高了多媒体使用的安全性。

（2）在教学方面，多媒体主要有以下六个方面的功能：

①多媒体具有良好的交互性，这对于学生的个性化学习是非常有益的。

②通过多媒体，教师可以进行电子备课，提高效率。

③通过多媒体，教师进行测试更加容易，这样对于学生的学习情况可以进行更好地把握。

④通过多媒体，可以使教学更加便利，教学也可以采用更加丰富的内容。

⑤通过多媒体，教师可以对学生进行监控，这样方式更加灵活，从而可以促使教学的任务完成得更加高效。

⑥在教学中，通过实践，我们得出了无数的理论，经过检验，我们发现很多理论都是有效的，通过多媒体，教师可以更好地对这些理论进行实践，提高教学效果，有利于培养学生的素质。

二、多媒体在高校体育教学中的应用

（一）多媒体教学的重要性

通过体育锻炼，学生不仅可以在身体上更加强壮，在心理上也会得到相应的放松，学生的压力可以得到减轻，情绪得到发泄，有利于促进学生身心健康发展。在高校的教学当中，体育的作用至关重要，通过体育可以为学生带来一系列的好处，所以创新体育的教学是非常重要的。现如今科技已经得到了飞速的发展，在体育教学中运用多媒体技术已经不再是什么新鲜的事情，但这是一种创新的教学方式，是非常重要的途径，在体育教学中应用多媒体，其重要性主要体现在以下三方面：

1. 突破传统教学的限制，提高教学灵活性

随着科学技术的不断发展，计算机也得到了不断进步，从而对于教学产生了深刻的影响，导致了新教学模式的出现。时间不会对学生的学习产生限制，空间也不再对学生产生影响，这使得教学也更加灵活，不再像传统的教学那样受到各种条件的约束，学生可以在更加开放的环境中进行学习，教师也可以在更加灵活的条件下进行教学，促进了教学质量的提高，从而使教学的资源得到丰富，教学的质量得到提高。

2. 促进高校发展

体育是实践性非常强的一门学科，如果单纯地通过网络进行教学，这对于教学来说是远远不够的，实践、练习是体育教学中非常重要的环节，这是体育学科的灵魂，也是体育学科的精髓，只有将网络教学和传统教学结合起来，才能更好地促进体育教学的发展，提高体育学科的教学质量。在现代的教学中，我们离不开互联网教学，学到更多的知识，为了让学生可以更好地体验体育，我们结合网络和传统的教学，从而促进了高校教学质量的提高，促进了高校的发展。

3. 拓展学习资源

互联网上充斥着海量的信息，学生可以通过多媒体来获取更多的学习资源，丰富学生的知识库，使学生的眼界更加开阔。不仅如此，网络上信息和资源不会受到时间和空间的限制，学生可以随时随地获得这些信息，进行自主学习，这就提高了学生的学习能力，使得学生获得更多的知识。在传统的教学中，学生所能获得的信息和资料都非常有限，只能是教师教什么，学生学什么，而通过网络教学，学生可以自己获得资源，各个种类的信息都可以由学生进行自主学习，从而使学生在不断的学习中建立自己的资料库，形成自己的知识体系，有利于学生的发展和提高。

（二）多媒体 CAI 技术在高校体育教学中的应用

现如今，多媒体教学已经成为趋势，在体育教学中 CAI 技术也应用得越来越广泛，网络、计算机、多媒体等各种技术都成为各大高校常常会用到的教学手段和教学工具。所以，保证 CAI 课件大数量、高质量的发展具有十分深远的意义。同传统的高校体育教学方法相比，多媒体 CAI 具有以下几点优势：

1. 优化教学内容

在现代化高校体育教学理论的指引下，体育教师安排、组合高校体育教学内容与高校体育教学程序，从而切实地使高校体育教学内容得到优化，保证高校体育教学过程的规范性与系统性。计算机能够对大量的教学相关信息进行承载，能够按照高校体育教学的实际需要，开展人机对话，并且能够对各种各样的高校体育教学活动随意地调用、开展。

2. 引导学生建立对动作的认知

如果能够将多媒体CAI应用在体育课堂教学过程中，就能够促进力量教学效果的获得。例如，体育教师在对足球理论课进行教授的时候，提到"越位"这一概念的时候，大部分学生对此概念能够很好地理解，然而，在具体的实践中却不能较好掌握。在进行表达的过程中，画图是非常重要的一种表达方式，不仅如此，体育教师还可以将各种声像资料利用起来，从不同的角度和方位来展示运动，比如在足球教学中，教师就可以将"越位"镜头进行整理，向学生及时展示什么是"越位"，同时还要将经过反复多次推敲的解说词列入其中，使学生的各个感官得到调动，从理性上与感性上使学生对这一概念进行理解。

3. 学生自学、自测与自评顺利开展

对于多媒体高校体育教学的使用方法，由体育教师向学生传授，保证学生的体育学习活动，不仅能够在课堂上进行，还能够在课堂教学结束后开展，即复习或自学。

4. 学习效率得到提高

在传统的高校体育教学过程中，教师在对跳远动作进行教学的时候，会对学生做出的不规范腾空动作或者是没有达到规定标准的动作进行指出，但是有时候学生可能并没有意识到错误的动作，因此导致教师和学生之间出现了沟通障碍，需要注意的是，如果想要消除掉此种错误，就需要在体育教师的悉心指导下，学生对某一种动作一遍一遍地不断重复，并且在不断地重复练习中，对动作的要领不断体会。如果是在学生需要改进某一个成型动作或者使自身运动成绩得到提高的时候，就可能会导致学生具有较低的训练水平与较慢的成绩提高。如果体育教师对每一次学生做的跳跃动作进行录制和慢动作处理。再组织学生进行观看，使学生对存在的问题能够及时地发现，并予以纠正。还可以利用计算机，然后对各种信息进行处理,录制学生完美或者接近完美展现的动作,再将两者开展对比,就能够很明显地得出两者之间存在的区别。此外,这套编制的多媒体 CAI 在专业运动员的训练中也同样适用。

5.提高学习兴趣

在传统高校体育教学活动开展的过程中,鉴于单调的高校体育教学形式与落后的高校体育教学手段的存在,使学生由于学习过程反复、辛苦、无聊而产生的不能积极应对学习的心理状态调整过来是不容易的,同时,多媒体 CAI 具有的各种新颖的形式,都可以对学生的状态进行调节,对学生产生一定的刺激作用,使其产生求知欲,培养学生的学习兴趣,提高学生的学习效率。

综上所述,多媒体 CAI 能够刺激学生的各种感官,对知识或信息进行最大限度地传播。多媒体 CAI 在高校体育教学中的应用,促进高校体育教学软件多媒体化的发展,满足学生的心理需求。它对信息进行编码处理,之后就会使图像得以产生,再之后就可以对图像进行识别,这种产生和识别是同步的,这样就可以保证高校体育教学文件的声图并茂,绘声绘色,且清晰便于理解,使学生更加容易接受。

(三)基于 web 的体育多媒体网络课件的教学设计

基于 web 的体育多媒体网络课件的设计,主要对高校体育教学过程中学生的中心地位进行了强调。在主动获取知识的环境下,教师和学生的地位、作用和传统教学方式已发生了很大的变化,相应的教学设计理论与传统教学相比也出现了差异之处。因此,就需要围绕以学生为中心、强调教师与学生充分交互这一原则对体育多媒体网络课件进行设计,保证能够将对网络教学特点进行体现的软件被设计出来。

1.基于 web 设计的内容选择与组织

(1)教学内容的多媒体化

在高校体育教学开展的过程汇总,不仅可以对文字和图片进行使用,还可以利用声音、动画和视频。如果高校体育教学内容具体多元化的形式,那么也要综合地设计高校体育教学内容的形式,对于文字形式、图片形式、声音形式、视频形式与动画形式等多种体育教学手段综合利用,详实地解说体育运动技术动作的要点、方法、难点、练习方法、容易犯的错误、纠正错误的方法等多个方面的问题。

（2）补充体育课程教学相关内容与链接

在体育课程教学开展的过程中，教学的各个知识点不仅能够将体育课程教学大纲要求的内容引入其中，还可以融入大量的相关信息与知识。例如，在《篮球》中，不仅包含体育课程教学大纲中规定的一些技术教学内容与战术教学内容，同时，对篮球运动的所有技战术进行了扩展，同时，还补充了篮球运动技战术实战应用的内容。在完成体育课程教学大纲要求内容的同时，使爱好篮球运动的学生能够把对于国内外先进的篮球运动技战术、教学与训练相关网络站点进行了解学习。此外，还能够对网络连接的特点进行利用。

（3）高校体育教学内容动态更新

在体育课程网络教学开展的过程中，学生体育学习教材由体育教师负责编写的传统方式已经不再适用了。之所以这样，主要是因为在体育课程网络教学中，对于高校体育教学课件的相关内容，学习者可以自由地进行浏览，还能够通过网上教师答疑解惑与课程互动讨论等教学手段对高校体育教学内容进行讨论，同时，还可以将一定的修订意见进行提供，促进高校体育学互动过程中教师与学生对教材进行共同编撰可行性的实现。经过体育相关教材的共同撰写以后，对于自身的问题与意见，学生能够进行表达，从而使体育课程网络教学过程中学生的参与感得到大大提高。

2. 体育多媒体网络课件的结构设计

在设计体育多媒体网络课件结构的时候，需要考虑的因素有：高校体育教学的目标、高校体育教学的内容、交互方式的性质。体育多媒体网络课件结构主要建立在高校体育教学内容的基础结构上面。对于体育多媒体网络课件而言，其组织结构从本质上来讲也会有多媒体各种信息的组织结构。它可以保证体育多媒体网络课件的相关教学功能与大致框架得到充分地反映。对于体育多媒体网络课件而言，其总体结构主要由两部分内容构成，分别是高校体育教学的内容、网络交互。高校体育教学的组成内容，不仅包含体育课程教学大纲要求的全部内容，还包含一些扩充性的知识。在高校体育教学网络手段应用的前提下，大量同体育课程教学核心内容相关的补充性知识在体育课程教学内容中能够有机融合，进而促进体育教学资源的一个特定环境得到营造，对于那些存在不同兴趣、爱好的学生而言，能够保证他们的个性化学习活动给予适当的支持。在大量扩充性知识得到引入的情况下，极大地丰富了体育多媒体网络课件的内容。对于体育多媒体网络课件而言，其主要内容包含体育理论课的教学内容与体育实践课的教学内容。

对于体育多媒体网络课件而言，其主要内容包含多项内容，例如，相关课程的介绍、课程讲解的要点内容、教师答疑解惑、课程讨论、作业处理与课程公告等。其中，相关课程的介绍主要有对学习总体目标的介绍、考核的办法、学习方法、学习进度与课时安排等的介绍；课程讲解的要点内容主要有每一个项目的教学任务、技术动作的要点、技术动作的难点、练习方法、容易犯的错误与纠正的方法等。

第二节 体育教学中分层教学模式的应用

一、分层教学模式

（一）分层教学的含义

分层教学就是对将学生划分为不同的层次，然后根据其学习特点和不同的学习情况、学习能力、学习水平等进行相应的分类教学，其划分层次的主要依据就是学生自身的特点，包括学习情况、心理特征等多个方面。在进行分层教学的过程中，教师需要为不同层次的学生设置不同目标，在教学方法的选择上，也要根据实际情况采取适合学生的，因材施教，关心学生，提高学生的学习水平，使学生尽管拥有不同的水平，但是他们仍旧可以在这个基础上不断提升自我，通过分层教学可以提高教学的质量和教学的效果。还有学者认为分层教学进行分层的依据也可以是学生的成绩和学生本身的智力水平，根据不同学生的需要为其制订相应的教学目标，但是这种分层并不是将学生完全的区分开来，就算是不同层级的学生，也可以加强其交流，使不同层级的学生之间可以进行合作，这对于加强班级的凝聚力具有非常重要的作用，除此之外，在对学生的成绩进行评估时，也要采取不同的要求，必须要对学生的水平进行考量。

总而言之，分层教学的分层必须是在班级授课这一前提下进行的，学生的心理特点、技能、学习状况等都是对学生进行分层的依据，这对不同的层级的学生要将不同的教学目标制订起来，采取不同的教学方法和手段，对教学进度进行合理的安排，使每个层级学生都可以在现有水平的基础上不断取得进步和发展，从而对学生的体育成绩、体质等各个方面进行改善和提高，提高体育教学质量，促进学生的发展。

（二）分层教学的指导思想

学生的学才是教师进行教学的主要依据，教师的教学必须要与学生的发展相适应。我们要知道，每个学生都有自身不同的特点，他们是有差异的，所以在进行教学的时候也要采取相应的教学手段，要根据学生的特点进行教学，以促进学生的发展为目标，激发学生的潜能，就算其目前表现可能并不佳，但是通过分层教学可以让学生取得进步，使学生的潜能得到激发，使所有的学生都能得到发展，不能为了好学生的发展，而放弃那些有潜力的学生，也不能放弃那些目前表现并不好的学生，因为他们只是需要一个机会，需要教师通过分层教学来为他们补足基础。教师要将课堂氛围营造得非常活跃，通过差异化的分层教学，使不同层级的学生都可以获得一定的进步。分层教学在具体实施的过程中主要应该注意四个方面。第一，分层教学必须要对学生的心理进行相应的考虑，因为教学是对全体学生的教学，进行分层教学的目的就是为了让全体学生更好地接受教育，在学习方面可以取得发展与进步。第二，在实际的发展过程中，不同的学生有着不同的需要，家庭、遗传等各个方面都会对学生造成影响，所以学生之间势必在客观上存在着差异，所以分层教学要求认清楚学生的个体差异，有针对性地进行教学。第三，分层教学虽然是一种创新的教学模式，但是其仍旧要对一定的教学原则进行遵守，而分层教学最为突出的就是对因材施教原则的遵守，教学的方法、目标、手段等都要进行分层根据学生的实际情况安排。第四，教与学必须要相互呼应，分层教学同样也要求教师通过自身的主导作用来提高学生参与度，从而使学生的主体地位得到发挥。

（三）分层教学法在国外的起源及演变

有一个教学理念叫作活动分团制，这个理念是分层教学理念的基础，由美国的哈里斯提出，这种理念也曾应用于美国的教学中，不同层次的孩子都能得到相应层次和阶段的教育。美国是一个移民国家，儿童来自不同的区域，他们在学习的各个层面都表现出了一定的差异性，而分层教学，则使孩子们都能够在自身原有的基础水平上得到提高，使教育变得更加合理。美国教育在不断发展的过程中，逐渐认识到了分层教学的重要性，为了让所有的学生都可以接受教育，让不同阶层的学生都可以拥有接受教育的机会，义务教育开始对这种分层教学进行应用。

哈里斯是美国的教育家，他提出要将"活动分团制"应用到学生的测试当中，根据学生进行测试最终得出的成绩对学生进行教学。学生被分为三个小组，这三个小组的水平各有差异，教师要重点关注水平最低的组，这样的方法保证了所有学生都可以跟上班级的进度。到了学期的末尾，又会对学生进行测试，教师可以根据这个测试结果来对学生的组别进行重新划分，这样学生学习的时间虽然是有限的，但是却可以对知识进行更好地把握，如果学生的知识掌握程度较高，那么他就可以提前结业，但是如果对于知识的掌握情况并不好，那么也可以采取延迟结业的方式让学生继续进行学习。这种方法使学生的差异性不再影响到教学进度，使每个学生都可以取得进步，从而为之后新理念的产生奠定了基础。

在一开始的时候，分层教学主要针对的是被指定的科目，但是随着分层教学的不断发展，理念的不断优化，在对学生进行分级的时候，工作更加详细，学生的分层更加清晰，教师在进行教学的时候，也可以更加明确不同层级学生的教学目标，应该采取什么样的教学手段。但是这种分层教学法并不是在一开始就被所有人认可的，20世纪50年代，社会各界才开始对分层教学的科学性与合理性进行认定，学校也开始将这种教学模式应用到一些更加重要的科目上。对于教师来说，通过分层教学，可以更好地了解学生的状况，根据学生学习的情况来制订相应的教学目标和教学计划，从而提高教学的课堂效果。

分层教学在日本得到应用以后，他们的教育者根据分层教学展现出来的特点将新的教学理念提了出来，这种新理念非常具有特色，学生的兴趣、差异等都得到了学校的重视，多元化的教学在日本的许多学校如火如荼地展开，从而培养一批新型的人才，为日本做出贡献。

英国非常盛行的教育模式是维多利亚模式，但是随着时代的发展，这种模式逐渐展现出一定的缺点，为了对这种教育模式进行改革，一种分组教学模式就应运而生了。

到 19 世纪末，兴趣班开始出现在人们的视野中，并且这种热潮一直持续到现在，这也就为分层教学的出现提供了良好的前提条件。德国兴趣班的出现主要是因为学校不重视学生的兴趣，美国兴趣班的出现主要是因为"活动分团制"的模式。经过研究发现，学生的能力不同、成绩不同，可以按照这一标准对学生进行分类，从而使学生被分为不同的层次，而不同层次的教学则具有很强的针对性，根据学生的水平让学生进行学习，从而使学生可以更好地掌握知识，促进教学效果的提升。

分层教学法是在美国最先被普及的，在美国具有很大的影响力，不仅如此，很多国家都对分层教学进行了发展，将其与本国的教学特色融合起来，这就进一步促进了分层教学的发展，其应用也越来越广泛。

二、分层教学模式在高校体育课中的构建原则

（一）以人为本的原则

在现代的教育中，人本身越来越得到了关注，人的尊严、兴趣等都受到了重视，学生的个性发展也受到了重视，而且更加强调让学生追求和实现自我的价值。分层教学是根据学生的不同特点对其进行划分，这样就可以使学生在学习的过程中更加能够适应学习的难度，从而在教学中不断取得进步，如果学生的水平相近、能力相近，那么他们的目标也会很相近，从而进行积极主动的学习，通过这一步我们体会到了以人为本的原则在分层教学中的应用。通过分层教学，学生的自信增加了，学生的主动性更强了，学生的压力减轻了，学生在学习过程中更加轻松了，对于学习的积极性更强了，学生可以得到全面的发展，对于学习的适应性更强，展现出和谐的特征。

（二）区别对待的原则

人存在着差异，这种差异是客观的，是先天遗传因素的不同而导致的，也是因为后天不同的教育环境所导致的。但是在一定的年龄阶段，学生的个性又表现出稳定性特征，并且这种稳定性的特征是普遍存在的，只是因为人们在环境、教育和心理等各方面存在差异，这就导致了学生个人展示出独特性，不同的学生个

体之间展示出明显的差异性特征，这就要求教师要对学生进行区别对待，也就是要对学生进行差异化教育，促进学生个性的发展，保障不同层次的学生都能接受最适合该层次的教育，充分考虑学生的差异性，选择有针对性的、合适的教学方法、目标和手段，精心设计和安排教学活动。

（三）隐蔽与递进的原则

在实际的教学中，高校的体育课要尊重学生的实际状况，从不同层次的学生的个性化需求为出发点，培养学生的创新精神，保障学生的参与度，激发学生的动力，使他们积极加入教学活动中，保证无论是哪个层次的学生都可以在教学中进行积极主动的参与，这对于教学目标的实现具有非常重大的意义。教师要对分层的情况进行了解，不能简单地将学生分为好坏、优劣，尽量不要让学生知道分层的依据是什么，这样可以使学生在心理上不会有太大的压力，教师自身要意识到分层不是对学生进行评价的唯一依据。在对学生进行分层的时候，一定要客观、公正，在对待学生时要采用发展的眼光，在制订目标和计划时也不应该一成不变，只有对客观的情况进行充分的考虑，递进性地划分教学的安排，注重体育学科的实践性，根据学生的实际发展情况，对学生的分层进行科学、合理地调整。

《教学模式》一书由韦尔和乔伊斯二人合作著成，这本书开创了"教学模式论"，从而使教学产生了新的研究教学模式的领域，这本书的影响力很大。过去，人们采取的教学模式单一、死板，随着社会的发展，其已经无法与时代相适应了，而后分层教学模式的出现使教学更加灵活，对于学生的发展是非常有利的，分层教学模式更加强调学生的中心地位。通过分层教学模式，学生的个性化特征受到重视，这样可以使学生的学习兴趣得到激发，学生掌握的技能不同，学生发展的水平不同，针对学生采取的教学手段和方式也不尽相同，这在体育教学中对学生身心的发展是非常有利的，学生可以进行民主参与，调动学生的积极性。体育教师要将这种分层教学的模式应用到实际的教学实践当中，适应改革，适应学生的需要，适应时代的发展。

三、高校体育教学中分层教学模式的构建策略

（一）立足教学实际和学情，对学生进行合理分层

要想将分层教学模式完美地构建起来，这就离不开教师对实际情况的了解，教师要了解学生，要知道学生的兴趣、身体状况、运动习惯等各方面的信息，只有对这些信息进行了充分了解，教师才能科学、合理地制订体育教学的计划，对体育教学的内容进行恰当的安排，对学生进行合理的分层，从而展开合理的教学。但是需要注意的是，学生的意愿也是分层教学考虑的一个方面，如果学生的能力与被分配层次出现偏差的时候，教师要允许学生调整层次，只有在流动性的前提下，才能保障学生能够保持自身的积极性进行学习。

（二）制订富有层次的体育教学目标

对学生进行合理分层之后，高校教师需要针对不同层级的学生为其制订合理的目标，那么在对目标进行制订的时候，同样也需要注意以下两个方面的问题：第一，教师要将目标分为长期和短期的，有针对性地对目标进行实现，长期目标是针对全体学生制订的，要注意其一致性，而短期目标则要根据学生的不同特点和水平来进行制订，不同层次的学生要有不同的目标，如果学生处于较低的层次，那么教师就可以将目标制订得更加基础，主要是让学生掌握一些基础的知识；如果学生处于较高的层次，那么在对目标进行制订的时候，教师不仅要安排一些基础的内容使学生的知识得到巩固，还应该安排一些拓展性的任务来对学生进行提高。第二，教师的目标制订要体现出递进的特征，不能将目标制订得过高或者过低，要让目标是可以实现的，并且要让学生通过努力实现，使目标具有较强的可操作性，促进分层的每一个教学目标都能实现。

（三）丰富教学方法，提高分层教学效果

因为遗传因素和教育环境的区别，学生会表现出不同的身体素质、运动水平和能力，在对学生进行教学的时候，应该采用不同的教学方法来针对学生的差异进行区分，从而使每个层次的学生都能不断地发展和进步。如果学生处于较低的层次，那么教师就可以通过示范讲解、快乐教学法等方式来激发学生的动力，使

学生对体育学习保持热情，从而更好地感知体育学科的知识，提高自身对于体育知识的领悟能力；如果学生处于中等层次，那么教师就可以对学生进行启发式教学，让学生对体育技能的各项动作产生更加深入地了解，促进学生掌握相关知识；如果学生处于高层次，那么教师可以通过集体教学，来让学生进行比赛，从而代替练习，这样可以使学生通过实际的比赛感受对抗的氛围，在实际的竞争中提升自身的战术和技术，在实际的比赛中学生可以学习到更多的技能与技巧。

（四）完善评价机制，实施分层评价

因为学生之间的差异，所以评价机制也要存在差异，只有根据学生的层次制订相应的评价机制，才能够体现出差异化，体现出分层教学实施的意义，高层次学生用高层次评价标准，低层次学生用低层次评价标准，只有这样才能使评价更加科学、合理。在进行评价的时候，不能采用单一的评价方式，要将终结性和过程性的评价结合起来，对学生平时的表现进行考量，鼓励学生，及时表扬学生。不仅如此，学生自身也可以进行自我评价，学生之间也可以互相展开评价，从而使学习展现出良好的氛围，使学生之间可以互相帮助，这对于提高班级凝聚力具有非常重要的作用。

综上所述，因材施教在高校体育分层教学中具有非常重要的意义，通过因材施教，可以使体育教学更加符合学生的需求，差异化的教学内容、目标、评价机制使不同层次的学生都能得到满足，对学生的学习兴趣具有激发作用，体育的魅力可以得到充分的展现，学生对于体育会更加热爱，有利于体育意识的培养。

第三节　体育教学中俱乐部教学模式的应用

在高校体育教学中，我国对于课堂一直是非常重视的，课外体育更多的是一些社团活动，或者是学生自觉地进行自主锻炼，但是现在存在的问题就是课内和课外的体育显示出脱节的现象，这对于我国高校体育的发展是非常不利的。高校体育涉及的范围很广，而体育的教学只是众多内容中的一部分，课上的体育教学只能将课程的讲授作为中心，而其他的环节则很容易被忽略，这就使体育课程很难达到增强体质等方面的目标。高校改革势必要将课内和课外进行一体化。高校

中存在俱乐部，在俱乐部中的教学也要坚持将学生作为中心，融合训练、教学、竞赛等各个环节，充分发挥俱乐部教学的优势。

一、俱乐部教学模式

（一）俱乐部教学模式的含义

许多学者对高校中的俱乐部进行研究，结果表明高校俱乐部是大学生为了进行健身而创立的社团活动，社团中的大学生大多有着相同的爱好，而且他们是自发创立的俱乐部。还有学者认为，只有将体育教学作为基础，由教师来进行引导，才能使俱乐部创建起来，并且这种俱乐部的主体往往都是一个班级，无论是时间，还是内容、方法等都不会对俱乐部教学产生影响。还有学者提出，俱乐部教学离不开体育课程，并且进行体育教学可以以俱乐部的形式来展开，无论是课程、课余的体育，还是各种训练和竞赛，都是俱乐部的内容，建立俱乐部一定不能偏离国家的教育目标，学生要对其进行自主的监管，同时学生还要对自身的特长、技能等进行了解，培养自身良好的运动意识。

通过上述学者们的研究，我们可以对俱乐部的概念产生更加深入地了解，虽然每位学者对俱乐部的概念产生了一些偏差，但是俱乐部必须要重视学生的自主性。

总而言之，虽然我国已经对俱乐部进行了一系列相关的研究，但是这种研究仍旧不成熟，处于初级阶段，在界定很多俱乐部相关概念的时候，展现出一定的模糊性。在研究俱乐部的内容的时候，学者们更多地研究俱乐部的内涵、组织形式等，将教学活动和俱乐部进行了有机的结合，从而使课堂和课外的活动可以形成一定的优势，尤其是对于传统的教学来说，这种结合的形式更有利于学生体育活动的进行。目前，我们可以说，研究者们已经对俱乐部教学模式展开了全方面的研究，但是这种研究在发展方向上不够明确，在对于俱乐部存在的具体意义的研究中，也不是很清晰，尤其是对于俱乐部教学模式的具体概念，仍旧没有一个很清晰的界定，在教学开展的过程中，应该从多个角度来对俱乐部的系统方式进行相应的总结，从而形成对俱乐部教学的归纳，更好地了解俱乐部教学的实际含义。

（二）俱乐部教学模式的发展现状

17—18世纪，体育俱乐部开始进入人们的视野当中，这个时期的体育俱乐部是业余的，其与学校的教学模式并没有特别直接的联系，二者之间也还没有进行相互适应。

1996年有学者对体育的教学改革进行了相关的研究，研究认为，体育课改革不仅要让学生的体质可以得到增强，还要让学生对专项的体育活动进行练习和训练，从而使学生在体育方面可以得到全面的发展。教师进行教学也要按照教材，但是这种教材必须是多方面的，与此同时，课余时间也要充分运用起来，然后对于体育活动进行练习。

《学校体育工作条例》《全国普通高等学校体育课程教学指导纲要》这两项制度是体育俱乐部进行改革的依据，并且这些依据的实施都对自身的发展状况进行了考量。

传统的体育教学有着自身的特点，但是这种特点和新时期的教学已经有很大差别。在对课程进行设置的时候往往都会考虑学生的兴趣爱好，并且还会对运动项目本身就存在的特点进行考虑，以此来对项目进行考量，看其对大学生的健康是否有益处。在我国高校中，体育课在大一、大二往往是必修的，在对教学内容进行安排的时候，不但要考虑运动项目对学生身体素质提高的程度，还要考虑要如何安排才能让学生学习到相关的运动技能。所以，我国很多高校都安排了排球、足球、跆拳道、健美操等各种运动项目，这些项目中不仅有传统项目中包括的球类运动，还有一些备受大学生喜爱的健身项目。高校中体育教学是肯定存在着的形式，除此之外，许多俱乐部作为社团的形式活动于各大高校中，而俱乐部活动之所以能够顺利进行就是因为这两种形式的依托，很多大学生还会自发地加入一些体育协会，从而使得体育活动进行的渠道越来越多。在体育俱乐部中，有专业的运动项目的人士会在其中进行指导，这就使学生不仅能够得到锻炼，还能够学习到相关的体育知识和技能，不仅如此，体育俱乐部中的设备和器材相对比较齐全，从而对基础设施进行了一定的保障，这就直接导致学生更愿意参与体育活动中来。

（三）俱乐部教学模式可行性分析

1. 体育俱乐部教学模式的主要特征

教学指导思想要求对学生的兴趣进行培养，使学生越来越喜欢体育，并且通过不断参加体育课程提升自己在体育方面的能力。因为高校中存在不同的年级，学生在兴趣方面可能会存在较大的差异，那么针对这个特点，俱乐部在对教学形式进行安排的时候就可以采取多种形式的课程，从而满足不同爱好的学生的需求。要想真正做到这一点，首先，要从思想上进行转变，将学生作为中心。在俱乐部模式中，需要将学生作为中心，只有这样才能让学生高效地进行健身活动，教师在这个过程中主要是对学生进行辅导，学生的自主性会得到增强，教师在教学中的发挥空间也越来越大，学生的学习自主空间也越来越大，双方都不会感觉到过大的压力，在负担方面也会大大减少，运动会逐渐成为学生的习惯，锻炼会逐渐融入学生的日常生活。其次，在俱乐部模式下，学生的主体作用要得到充分的重视，只有这样，学生才能更加努力地进行自主学习，在体育活动中不断提升自己自主学习的能力。最后，学生的个性同样是一件非常重要的事情，只有学生个性得到了发展，学生才能够在体育活动中不断培养和发展自己的兴趣，如果学生本人有特长的话，还会不断地对自己的特长进行巩固，从而使学生能够得到较好的发展，克服传统教学的弊端，不再只重视技能和技术，让学生在潜移默化中对体育的热爱得到激发，从而将终身体育的意识树立起来。

2. 高校体育俱乐部教学模式的优势

高校的教学管理已经将俱乐部纳入体系之中，大学生可以在体育俱乐部中学习到各种相关的体育知识、技能，并且可以根据自己的爱好和兴趣进行学习，学生在俱乐部中积极地进行锻炼，会使自己养成锻炼的好习惯。体育俱乐部开展各项活动往往都是有计划、有目的地对大学生进行引导，从而使大学生可以在俱乐部中学习到规范的体育技能和技术，使课上教学和课余活动得到完美的结合，使高校的体育学习可以在课上和课下保持连贯，保持一致。在对俱乐部的形式进行设置的时候，不要对课时进行过多的限制，体育教学不能只局限于课堂，而是应该贯穿大学教育的全过程，将主线作为终身体育，从而使其在学生的观念中可以设立起来，让学生在俱乐部中养成锻炼和运动的好习惯，体育教学更加系统，学生也可以通过这一系统的过程对自己产生更加深入地了解，从而使学生可以在以后的生活受到体育的良好影响。

俱乐部教学模式重视学生的爱好，这就使学生的个性化发展得到了重视，学生在体育活动中可以将自身的主观能动性充分发挥出来，从而使学生主体地位得到重视，这种模式是非常理想的模式，对于体育教学来说这种模式是非常重要的。

3. 对高校体育俱乐部建设要有明确的目标

学生的热情可以利用各种体育活动来进行激发和调动，高校之所以要建立俱乐部来开展体育活动，其目标就是为了使大学生培养起热爱体育的品质，使其对体育活动越来越感兴趣，为了实现这一目标，越来越多的高校都加入俱乐部教学中，从而希望可以对大学生的体育兴趣进行培养，使大学生将终身体育作为自己的目标，养成这种意识，并在一次次的体育活动中养成良好的习惯，不断提高自己在体育方面的知识储备，使学生的身体和心理都能得到放松，使自身的健康能够得到保障，培养学生的竞争意识和体育精神，促进学生的全面发展。

4. 高校应因地制宜发挥自身优势开展体育俱乐部教学

体育俱乐部在进行教学的时候，需要对学校的特点进行考虑。要保护学校本身就存在的长处，充分引入社会化的体育项目，也可以引入一些生活化的体育项目，从而使体育教学在内容上更加丰富。不仅如此，高校在对俱乐部活动进行开展的过程中，还要将学校的优势充分发挥出来，因地制宜，充分利用学校的场地、设施，同时还要合理地安排时间，使活动的场所可以得到最大限度的利用。

5. 对高校体育俱乐部组织管理的进一步完善

要想提高效率，就必须要将管理的组织建立起来。对于体育俱乐部来说，也是同样的，只有建立机构或者组织，才能充分对俱乐部进行管理，从而使俱乐部可以高效运行，使机构形成严密的组织，在运行的过程中有条不紊，更有秩序，同时还可以使相关的工作者对俱乐部进行更好的管理，从而使俱乐部的作用可以发挥到最大，使其更有效用。除了进行管理和组织之外，机构还可以对设备进行购置，对经费进行筹措，对俱乐部的运行进行监督。

我们可以发现，俱乐部的教学模式相对来说是非常理想的，在高校的体育教学中，这一模式是非常具有现实意义的。在进行教学的过程中，大一和大二都是将体育作为必修课，那么这就离不开场馆，只有完善的场馆和设施，才会更有利于学生学习，而且因为俱乐部的教学模式，学生在选择课程时，更多地会选择室内的课程，这样对于场馆的利用就会更多，并且无限接近最大化。除此之外，教师素质也要不断提升，因为俱乐部模式对于教师的要求更高，这就必须要加强教师自身的发展，对教师进行定期培训，在教学上不断学习，从而使自身可以对新要求进行适应。虽然俱乐部模式并不是十全十美的，但是在进行教学的过程中，其可行性还是相当之高的。

二、高校体育俱乐部教学模式优化策略

在现如今的教学当中，素质教育得到了推行，学生的主体地位越来越得到重视，在这个过程中，教师的作用就是对学生进行辅导和指导。现在学生的创新思维和能力的培养越来越重要，学生的独立思维和能力越来越受到重视，在这种背景下，高校必须顺应时代的发展，对教学的模式进行改革，从而才能跟上时代的发展潮流。传统的教学对于学生的成绩过分重视，将分数作为衡量一切的标准，而学生的兴趣是什么，爱好是什么则完全被忽视，学生在上课过程中根本无法进行思维上的开拓与创造，学生的积极性受到影响。高校俱乐部为学生提供了进行锻炼的场所，使学生尽管有着不同的爱好和个性，但是他们可以通过俱乐部来进行锻炼，实现自己的目标，在不断地训练中提高自己的水平，同时还可以和其他同学进行交流协作。

（一）转变课程理念

在很长的一段时间内，人们将体育课看作是一种娱乐的课程，学生在体育课中只能蹦蹦跳跳地进行娱乐，而学生要学会什么并没有具体的目标。但是这种看法是有失偏颇的，直到学校进行体育教学的目标被真正提出来，人们才真正从思想上将观念扭转过来，才开始真正地对体育进行深刻的认识，所以体育俱乐部要对时代提出的要求进行考量，对未来的发展进行思考，对课程的相关理念不断进行更新。

第一，体育俱乐部在进行教学的过程中，思政建设是非常重要的一个方面，所以要将政治站位进行提高，在这个基础上，使俱乐部可以对时代的要求进行仅仅跟随。新时代对于高校的体育发展，各方都提出了的新的要求，思想政治功能

是由高校体育所承载的功能，在高校体育教学改革中，思政教育是必不可少的一项内容，要实现其与高校体育的统一。

第二，体育俱乐部模式在进行教学时也要坚持育人，将这一目标作为自己的导向，在新时代，将体育教育的价值充分发挥出来。育人功能要在俱乐部改革的过程中充分体现出来，坚持立德树人。

第三，体育俱乐部模式囊括了各种课程、各种项目，具有全面性，这就使得学生可以根据兴趣选择自己喜欢的项目，俗话说兴趣是最好的老师，在兴趣的指引下，学生可以将这种运动和锻炼的习惯维持下去。同时还要注意分层竞赛和教学，这样可以使全体的学生都能参与进来，避免让体育成为高水平学生的体育，避免让体育成为少数人可以参与的活动。如果有的学生很少参加体育活动，那么就需要为其制订合理的方案，将保健课程作为其可以参加的项目。

第四，体育俱乐部模式的发展要坚持内涵式的，在改革的过程中，要注意从内部进行改革，这样可以使改革更加深入。同时还要对学校的特色进行深入挖掘，坚持从整体上来对学校的体育教学进行推进，促进学校的特色发展。

（二）优化课程结构

在高校体育中，技能教学主要是通过选修课，而进行练习则主要是依靠课下的时间，可以自主地进行练习，也可以通过参加社团来进行相应的练习，但是这种模式往往存在着一种问题，那就是课上与课下没有进行很好的衔接，课上接不到课下的互动，课下找不到课上的衔接。运动项目是俱乐部的基本单位，其重点就是实现课上与课下的有机结合，从而进行有效的管理，促进教学的发展。

体育俱乐部在进行教学的过程中非常注重因材施教，课程被分为基础、提高和高级三个层次，这三个层次的课程衔接紧密，逐层递进。基础的初级课开设面向的是初级的会员，主要学习的是一些基础的知识、技能和技巧，通过基础的练习，可以为学生打下扎实的基础，提高学生的身体素质，为学生下一级课程的学习奠基。提高课程是中级的课程，面对的是经过一段时间的训练水平得到提高的初级会员，我们可以称其为中级会员，作为中级会员，基本有能力参加比赛，通过经常的训练和比赛，学生的能力不断地得到提升，并且通过训练和比赛，他们可以不断提高自己的能力和水平，不仅如此，教师还可以根据学生的需求设置各种各样的教学活动，从而使学生的积极性不断得到提升。高级课程面对的是参加学校或者院级的比赛的中级会员，我们也可以称之为高级会员，高级会员主要是经常参加一些校际赛，或者是代表本学院参加学校的比赛，并且在不断地练习中使自身的能力得以提高，对于高级会员来说，提高技术和战术，培养团队和规则等方面的意识，提高自身的心理素质，是非常重要的内容，从而对自身的意志进行锻炼，提高自身的能力。学生通过每个层次逐渐提升自己的能力，最终使自身不断得到发展，将终身体育根植于自己的意识当中。

（三）加强师资建设

在体育俱乐部中要重视教师队伍的建设。首先是要不断引进人才，通过人才库来选拔，不仅要注重数量，更要注重质量；其次，在引进人才之后不能就让这些人才自行发展，而是要注重入职之后的培训，让教师不断提升自己的技能和能力，不断提升自身的思想道德水平。

不仅如此，高校还应该不断丰富教学的内容和形式，跟随时代潮流的不断发展，同时要注意自身发展的需要，不断完善俱乐部教学模式，使其具有高校的特色，使其形成地区特色、中国特色。

体育教学进行改革是必然的趋势，对于体育俱乐部来说，也必然要进行改革，各大高校应该对自己的观念进行更新，不断完善教学，参考国外的先进经验，考查国内的成功案例，从而使体育俱乐部的发展更加符合我国的国情。

（四）构建运行机制

高校应该让体育工作部门来对体育比赛进行管理，由该部门组织建立俱乐部办公室，从而对俱乐部相关的工作进行管理，工作和考核的方案、相关的章程等都由办公室来进行制订。同时还要设立协会对俱乐部进行更细致的管理，协会主要负责考勤、教学计划的制订等。除此之外，学校的主管部门要对俱乐部进行监管，负责对俱乐部进行相关的评价。

在俱乐部的经费问题上，部分高校会有一定的困难。经费是俱乐部运行的根本，没有经费的支持，俱乐部是无法长期运行下去的。在俱乐部运营期间，高校可以对一些项目进行收费，从而获取一定的资金来维持俱乐部的正常开支。

（五）构建评价体系

在新时代的教育中，人们越来越重视评价的作用，因为评价和教育的发展方向有着一定的关联，评价发挥的作用是指挥的作用，对办学方向具有一定的引导作用。在俱乐部模式下，要将评价的作用充分发挥出来，使教学的目标得以正确的确立起来，同时对于改革的方向有一个准确地把握。首先，要对评价的内容进行完善，评价不能单单只是对课堂的评价，更要从多方面、多角度对学生进行评价，其内容主要包括在课堂上技能学习的程度如何，在课下技能的练习程度如何，以及在比赛过程中学生的表现如何等，除此之外，还要对学生的素养进行评价，学生的意志、思政表现等各方面都可以成为评价的标准。其次，评价要统筹兼顾，也就是说不仅要进行全面评价，还要对学生进行区别评价，根据学生的运动基础、性别等不同的条件对学生进行评价，评价主要依据学生的态度如何，学生在学习和练习的过程中是否努力等，从而让学生更加热情。最后，评价机制必须是双向的，不仅要对学生进行评价，还要对教师进行评价，通过俱乐部教学评价的效果来形成反馈，从而使得教师可以根据这些反馈进行相应的调整，使教学效果得以提升。

体育改革势必会将俱乐部教学作为一种重要的方式，通过这种方式，可以使高校不断完善体育教学，促进体育教学的发展，高校应该对观念进行更新，不断树立正确的认知，学习各种先进的经验，不断探索，不断加深对自我的认识，从而使得俱乐部教学越来越符合我国的国情，找到适合我国的发展路径。

第四节　体育教学中翻转课堂教学模式的应用

一、翻转课程教学模式概述

（一）翻转课堂的含义

"Flipped Class Model"是翻转课堂的英文的表达，通过"Model"一词，我们可以看出这是一种模式、范例，因此我们又将其称作翻转课堂教学模式，和传统的模式相比,翻转课堂最主要的特点就是"翻转"。关于翻转课堂的具体内涵,国内外有很多种不同的观点。

最早将翻转课堂实践在教学中的是美国的一位化学教师,他的名字叫亚伦·萨姆斯,他对传统的课堂模式进行了更改,将应该在课堂上讲述的内容直接搬到课外,对节省下来的时间进行充分利用,使学生不同的需求都能得到满足。

学者布莱恩·冈萨雷斯提出了和亚伦·萨姆斯非常相似的观点,他认为应当在教室外对知识进行传授,这样可以使学习者更加自由地安排自己的时间,在对新知识进行学习的时候,可以采取自己更能接受的方式,适合的学习方式才是最重要的,在课堂上,师生之间、同学之间可以进行交流,在沟通中对观点和思想进行碰撞,从而实现知识的内化。

学者金陵提出翻转课堂就是将传统的课堂模式完全翻转过来,传统的模式是课堂上讲授知识,学生课下写作业,而翻转课堂则与之完全相反,学生在课堂上将知识进行完全的掌握,而课余时间则对新知识进行学习,这样可以使学生在课堂上就能完成对知识进行消化,使知识可以内化。

学者钟晓流提出翻转课堂是:课前,学生观看和所学知识相关的视频等各种资料;课中,师生一起在课堂上进行沟通和交流,对于作业中出现的问题进行解答。

作者对于钟晓流的观点较为认同,现在科技非常发达,信息技术已经发展到一个高度,教师可以对课前的时间进行充分的利用,让学生对一些视频进行观看,从而使学生可以有针对性地开展学习,课上师生合作,一起进行沟通,从而对问题进行解决,完成知识的内化。

(二)翻转课堂的内涵

关于翻转课堂的具体定义,我们可以将其概括为两种。第一种是"流程说",注重的是实施的全部流程,将流程看作是翻转课堂的具体内涵;第二种是"功能说",注重功能,将功能看作是翻转课堂的具体内涵。在这两种定义中,"流程说"是更为流行的一种,是较为普遍的一种说法,在对翻转课堂的内涵进行具体解释的过程中,流程可以作为其定义,萨尔曼·可汗作为翻转课堂的推广人,他将这个流程进行了具体的阐述:学生在课余时间对教师发布的教学视频进行观看,从而对新知识进行学习,第二天到了学校,再对作业和一些练习进行完成,如果发现一些问题,就可以及时和同学进行沟通,如果解决不了,还可以问教师,从而逐渐对知识进行内化,这种模式就是翻转课堂。虽然我们从中可以清晰地了解到翻转课堂是如何实施的,但是如果要将其作为一个概念进行理解,这种方式的规范性是不够的。"功能说"则更加宏观,注重的是课堂的价值,翻转课堂就是对学习知识的过程进行了颠倒,先传授知识,再将知识进行内化,对于课堂安排进行了重新划分。"功能说"相对是比较浅显的,因为它对知识内化和知识传授的顺序进行了过分关注,而事实上,翻转课堂的功能还包括更多的方面。综合来看,我们可以对翻转课堂进行如下定义:在信息化背景下,为了培养和提高学生的能力,将网络和传统课堂作为学生学习的中介,让学生在分组的前提下,通过课前学习,在课中和课后让学生对相应的知识进行内化,从而可以应用知识。

(三)翻转课堂的发展及研究现状

在国外,很早就开始对翻转课堂进行相关的研究,2007年美国教师为了帮助学生即使请假在家也可以赶上教学进度,特地录制了视频,并将其传到网上,从而供学生进行学习,最终取得了不错的效果,而后,这种模式得到了教师的重视,他们将这种模式在全体的学生身上进行应用。到了2012年,我国才开始研究翻转课堂这种教学模式,但是大部分人关注的是翻转课堂到底在高校教育中展现出怎样的优势,其他方面的研究相对较少。后来张新明等融合了教学相关理论和翻转课堂的内涵,对翻转课堂模式进行了更新,从而形成了基于QQ群+TabletPC这一模式,对信息工具进行了充分地利用,从而使沟通和教学可以顺利展开。

综合国内外的研究状况,翻转课堂的理论框架大致由翻转课堂、信息技术、教学活动、学习环境这四部分组成,它们相辅相成,共同构建出成熟科学的翻转课堂教学系统。

在高校体育教育领域,由于体育课具有偏重于实践教学但是与此同时理论教学也不能抛弃的特殊性,要想使教学效果取得进步,就可以让传统与新型的教学模式进行相互融合。体育课在进行传统的教学时,可以将慕课等视频资源融入进去,合理地利用网络提供的体育教学示范资源,从而实现优质体育教学示范资源的整合。

二、翻转课堂在高校体育教学中的应用策略

传统的教学模式会对高校体育整体性起到教学阻碍作用，应用翻转课堂这一新型模式，能够在发挥教学模式优势的基础上，实现高校体育教学事业的进步，同时，还会不同限度地强化学生体育素质。由此可见，将翻转课堂引入高校体育教学具有重要意义。

（一）高校体育翻转课堂的主要特点

1. 体育教师是课程的引导者

体育教师对翻转课堂进行引导，为学生的学习提供相应的帮助，课前通过观看视频可以对体育课的重点内容进行了解，通过沟通从而加深对知识的掌握，体育课更多的是进行训练，而教师也更多的是进行帮助和指导。因为对象的不同，学生的学习情况和能力也不同，所以要对这些方面进行相应的评价，从而使课堂的各个环节越来越完善。

2. 大学生是翻转课堂的主角

大学生在翻转课堂中占据着主体的地位，他们才是主角。学生可以对教师发布的课前视频进行观看，对课程的知识点进行了解，如果发现自己有一些不理解的地方，可以对这一部分进行反复观看，还可以从网络上寻找相关的资源，从而对信息进行了解，这样的话，学习进度就可以由学生自己掌握。不仅如此，在课堂上，师生之间可以进行交流，由此可以根据个人的实际情况来进行相应的练习。在练习和训练的过程中，学生的参与度非常高，并且可以掌握进度和某些过程。

3. 课堂时间延长并且效率高

大学体育需要更多的时间来进行练习，而翻转课堂的模式则为学生提供了这样的机会。翻转课堂缩短了课堂上的时间，而将时间更多地留给学生进行自主学习和练习，这样就将课前充分利用了起来，学生在课前就可以直观地学习相关的体育技能和技巧，了解相应的体育知识。课上同样也是由学生进行练习，而教师只是负责指导和帮助，这样就使学生可以尽快纠正不正确的方式，从而使得效率得以提高，通过及时的反馈，及时调整自身的状态。

（二）翻转课堂引入体育教学的必要性与可行性

体育教学中应用这一模式，即在实际体育教学中引导学生自学，之后教师针对教材内容进行知识点传授。它能调动学生学习体育的主动性，促使学生养成良好的体育学习习惯，学生学习体育的自信心和热情也能及时增强。学生在掌握丰富知识的基础上，会主动配合教师组织的各项体育活动，这对增进师生关系具有积极意义。

1. 必要性

一方面是因为新课改的需要。随着我国体育事业的持续发展，体育行业优秀人才数量较少，高校作为体育人才培养的重要场所，应在体育教学中创新教学方式，深化体育教学改革，在网络信息技术背景中，充分发挥网络优势于体育教学，以此丰富体育教学内容，利用网络技术实现体育教学资源的有效整合，促使学生在网络教学优势的带动下，实现体育知识的个性化、信息化学习。与此同时，翻转课堂的有效性应用也是高校体育顺应素质改革要求的良好表现，翻转课堂能够对传统教学模式有效创新，提高体育课堂活力，提高学生在体育学习中的主体地位。另一方面，高校体育教学的需要。现如今，高校体育教学在实际教学中应用翻转课堂，即在尊重学生体育学习成绩差异性的基础上，有针对性地开展个性化教学活动，并根据每位学生的学习时间、学习基础、学习能力的不同，制定针对性的体育教学视频，针对学生在体育方面存在的不足，对其针对性弥补，从而迎合我国高校体育教学的需要，实现体育教学效率的提高。

2. 可行性

首先，技术原理和教学原理相统一。高校体育主要以强化学生体育能力、开阔学生体育视野为目标，翻转课堂应用的过程中即在技术设备辅助下，提高体育生的体育素养和体育水平，二者存在目标一致性，因此，翻转课堂具有可行性。此外，翻转课堂的应用过程与学生的学习过程相一致，在学习体育新知识和体育技能之前，学生应首先对新内容全面认识和掌握，在此基础上，认真对内容展开深入探究，教师必要时提供教学指导，学生经过多样性、重复性练习后，学生的体育技能能够得以提高，从上述对翻转课堂的介绍可知，二者存在应用过程一致性，学生在这一教学模式中能够实现体育知识巩固、体育能力提高的目标。

其次，翻转课堂具备较强的适用性。通过资料分析可知，翻转课堂无论是在理论应用方面，还是在课堂实践方面，它在教学领域中的应用优势不容忽视，此外，国内外均对此展开了详细介绍，翻转课堂经实践证明，其学科应用价值较高。它应用于体育教学，能够帮助学生巩固基础知识，同时还会对学生的体育短板有效弥补，从而促进体育生全面发展。翻转课堂正是基于适用性特点，才能在高校体育教学中有效应用。

最后，翻转课堂硬件条件优越。高校体育在实际教学中，翻转课堂能够为其提供信息技术支持，多媒体信息技术设备的功能性还会实现体育知识的有效传递，教师借助多媒体设备完成幻灯片制作后，学生能够互相进行课件复制，从而实现知识的反复观看，学生还能及时完成网上作业，并且体育课件的学习价值也会相应提高。目前，高校学生能够保证每人一台电脑，即使个别学生没有电脑设备，那么高校电子阅览室也会为学生提供多媒体设备支持，这为翻转课堂的应用提供了信息技术支持，从中可见，高校体育教学中应用翻转课堂具有一定的可行性。

综上所述，从翻转课堂应用的必要性和可行性两方面来分析其在高校体育教学中是否可行，分析结果具有可行性。为此，高校体育教师应转变对这一教学模式的应用看法和应用实践，提高翻转课堂在世纪体育教学中的应用策略，通过彰显翻转课堂应用优势来提高学生的体育能力、强化学生的体育素质。此外，这还能实现高校体育改革深化和体育效率提高。

（三）翻转课堂在体育教学中的具体实施

1. 做好在线虚拟体育教学平台的建设

（1）做好体育教学视频的制作

上体育课不仅需要学习理论知识，还需要掌握相关的技能。理论性知识的学习主要是通过一些音频、PPT等，而相关技能的学习则需要观看一些视频等。在选择资料的时候，要注意材料之间知识衔接的情况，注意它们之间是否有紧密的联系，各种资料要尽量短小，但是同时又能将知识囊括进去，还要学生可以对其进行模仿。

（2）师生交流与答疑模块

设置师生交流、答疑模块，主要是为了解决各种问题。这个过程的起点是组内解决问题，如果组内解决不了，就要将其反馈给体育老师。体育教师不可能一直和学生在一起，也不可能24小时都等待着给学生提供服务，所以要对这一模块的时间进行恰当的安排。

（3）体育课程学习在线测试与评价模块

体育课进行在线评价通常是包括教师、小组和学生本人的评价三种，对于评价的内容并没有太多的约束，可以是简单中肯的话语，也可以是对各个方面的点评。教师要将重难点把握好，使测试内容不会过于冗杂，让学生感到厌烦，从而对学生学习热情产生影响。在进行评价的时候，要尽量保持客观、科学、公正。

（4）体育课程学习的跟踪与监控模块

学生存在着个体的差异，所以他们上体育课也会有不同的目的，在学习的热情和自主性方面也会有着较大的差异，所以针对不同情况的学生，可以通过追踪学生的具体状况来获得相应的反馈，根据反馈的结果对方案等进行调整。如果学生的自主性不强，甚至是较差，那么通过跟踪和监控这一模块，可以让教师对相关的原因进行了解，同时根据设置和调整方案对问题进行解决；如果学生有着较强的自主性，那么教师就可以对学生进行表扬，这样对学生可以起到一个鼓励的作用。

（5）体育课程的学习总结和成果展示模块

通过对学习的总结和对学习成果的展示，教师可以对学生的状况进行更准确的了解。学生的问题和在学习过程中产生的一些感受都可以通过学习总结展示出来，而学习成果则是对学生学习的肯定，这样对学生是一种鼓励，使学生对于体育的学习更加有信心。通过这个模块，教师可以对下一步的教学计划进行安排和调整。

2.注重体育课程评价主体与方式的多元化

传统的教学中采用的评价是总结性的，主要体现的是学生的期末成绩，如果学生体育基础好，那么就算学生在平时的学习中没有付出多少努力，最终仍旧可以在期末考试中取得好的成绩，如果学生的体育基础较差，为了在最终的考试中取得合格的成绩，他就只能不断努力，这两种情况就导致了体育课程既无法充分发挥教授的技能，也无法发挥健身的作用，学生的主动性受到影响，学生在课堂上的参与度也会降低，这样使翻转课堂无法发挥出其本身的意义。

翻转课堂需要一种完全不同的评价方式，对于学习的过程要高度重视起来，在进行评价的时候,需要将过程和结果结合起来看待。学生在一堂课中的评价要是综合的,教师可以多角度地评价学生,学生也可以根据这种及时的反馈来对自身的状态进行调整。在进行总结性评价的时候,可以将考试分为两个模块,一个是必考的,一个是选考的,还有就是可以对理论知识进行考查,可以将一些简单的试题加入其中,也可以让学生表达自己对体育课的感受;过程性的评价结果可以作为依据,从而调整总结性评价,对于体育基础不好的学生,更适用于标准较低的总结性评价,而对于体育基础好的学生,更适用于标准较高的总结性评价。

3．追求体育课堂实效,避免翻转课堂的异化

（1）避免过度强调以学生为中心而弱化体育教师的作用

翻转课堂虽然更加强调学生的主体地位,但是这并不意味着教师可以减少自己对课堂的付出,如果教师不再将自己的感情、精力等投入课堂,那么课堂就已经失去了它原本的意义。虽然学生开始负责一部分的课堂讲解,学生是中心,但是教师的指导和帮助作用同样不能被忽视,在翻转课堂中,教师更加关键,无论是课前视频资料的整理,课中活动的组织、对知识的讲解,还是课下对学生进行评价,这些工作每一项都需要教师,如果教师被弱化,那么课堂就会失去意义,该有的效能也会失去。

（2）避免高估学生的自主性而忽视学生课前体育课程学习的跟踪和监测

学生的自主性在翻转课堂中是非常重要的,我们需要注意的是,学生是复杂的、现实中的人,不是所有的学生都可以将这种自主性充分发挥出来。所以教师需要对学生进行监督,只有适当地跟踪,才能更好地掌握学生的情况,促使学生完成相关知识和技能的学习。

（3）避免过度强调学生体育技能的提高而忽视学生综合能力的培养

翻转课堂这种模式是一次重大的变革,因为其是对传统教学的颠覆,该模式可以培养学生的综合能力。在进行体育教学的过程中,学生学习知识和相关的技能固然重要,但是学生的沟通、创新、协作能力等同样也很重要,并且这种能力对于学生的发展具有重要的意义,传统的教学将学会知识和掌握技能看成全部,而翻转课堂则不要重蹈覆辙,要对学生的综合能力提起重视。

4．切实做好安全防范工作

体育教学采用翻转课堂则需要对安全问题提起重视,在课前观看视频时候,

要将一些风险列举出来，来要对其进行评估，提高安全意识，将安全工作做到位，不仅可以通过视频、PPT的方式来对学生展示如何进行安全防范，还可以通过文字来描述安全防范的相关信息，尽量避免在课堂上产生运动损伤等问题。

翻转课堂适应了时代的发展，它是全新的。在体育教学中，这种模式是非常有效的形式，可以解决一些传统模式教学下的问题，还能够提升教学的质量。实施翻转课堂要注意，不能过分追求形式，不能让翻转课堂自体育中变得没有意义，应该追求教学的实际效果，不断探索、尝试，使翻转课堂在体育教学中不断得到完善，根据工作的实际情况，不断得出经验教训，从而改进实际工作情况，促进体育教学转型，提高教学的效果和质量，将翻转课堂的优势充分发挥出来。

第四章　运动训练的理念、原则与方法

运动训练作为一项系统工程，目的是科学地组织运动员进行系统全面的训练，以提高运动成绩。在竞技体育蓬勃发展的今天，运动训练理论对竞技体育的影响也日益得到承认。因此，运动训练学作为一门独立学科应运而生。当我们从历史的角度来回顾竞技体育的发展时，我们会发现，运动训练学和竞技体育总是如影随形的，竞技体育的发展离不开运动训练这一大助力。因此，研究和探讨运动训练基础理论具有重大现实意义。本章从运动训练的概念、运动训练原则和运动训练方法三个方面，开展运动训练基础理论分析。

第一节　运动训练的理念

近年来，训练理念在国内训练实践领域中得到日益频繁的应用，成为学术性专有名词。"训练理念"是指训练过程中对训练目的和任务等问题所做的理性认识与判断。尽管许多人并不一定准确地解释"理念"及"训练理念"，但是，它们作为思维意识或实践活动的客观存在，将其作为扩展了的成熟概念来运用，已经是无可争议的事实。"理念"一词的内涵是相当丰富而广泛的。人们对"理念"这个词情有独钟的原因，还在于它有别的相近概念没有的东西，能够高度概括或者体现一种类事物中不同个体的包容性。由于这一认识上的差异，"理念"成为一种普遍接受的训练方法，并得到了广泛而深刻的应用。但是，恰恰是我们缺少了关于"训练理念"的根本探讨，以至有些人对它的含义缺乏确切地认识，故训练理念被泛用乃至滥用是不可避免的。这不仅使我们在理论上难以把握训练理念的本质内涵与外延，而且在实践上会影响到训练行为的有效性。为此，对训练理念作简单的梳理与论述是十分必要的。

一、运动训练理念概述

（一）训练理念

1. 训练理念的界定

何谓"运动训练理念"？它以理性思维方式揭示竞技体育中各种现象和问题的内在联系及其规律性。根据对"理念"的理解，以及运动训练活动科学观、规律观、哲学观、价值观与发展观相统一的思想，我们认为训练理念可以界定为：训练理念就是训练者根据自己的切身体会，对于竞技体育与运动训练活动内在本质、规律与价值，以及价值实现方式等理性认知集中展示；就是为了达到训练的目的、任务而建立起来的对实践具有直接指导作用的理念，以及所持的根本态度与想法；是人在运动训练中所进行的实然判断与应然判断有机统一起来的理性认知。训练理念作为一种思维方式或精神品质，不仅能帮助我们把握运动训练过程中各种矛盾冲突的性质及其解决方法，还有助于我们形成良好的思维习惯和行为模式。不仅为人们进行运动训练理论探究与实践运作提供了指南针作用，更是理论和实践之间的中介桥梁。训练理念作为一种精神文化现象，是人类社会历史发展过程中形成的一种特有的思维方式和行为模式。所以在理论方面，训练理念，就是理念持有者在训练实践过程中所形成的一种冷静的判断和意识，同时，在训练实践中也有引导定向作用。纵观世界体育史，竞技运动之所以取得如此巨大的成就，在于其始终贯穿了一种先进的训练理念。因为，训练理念是否端正，它直接影响着竞技运动的走向和效果。因此，树立先进的、适应时代要求的训练理念，成了现代竞技体育健康持续发展的重要基础和前提条件之一。纵观竞技体育的发展历史长河，无数的例子一再证明了这一主张：竞技水平不高往往与竞技训练理念滞后相伴而生，而且训练理念滞后，势必造成训练效果不佳，甚至造成破坏性培训，最后不可避免地造成竞技实力提升缓慢。树立正确、科学的运动训练观念，是我国竞技运动水平提高的根本前提与保障。

2. 训练理念的内涵

人在改造客观世界过程中，既受客体运动规律制约，也是由主体本身实践活动的规律所决定。训练工作作为一种特殊的实践活动，也同样遵循着这一基本规律。指导任何具体实践，就是对许多规律性的认识加以综合应用，这就涉及对这一活动本身客观规律和今后发展动向的评判。根据马克思主义认识论，训练理念有如下含义：

（1）训练理念就是要体现运动训练的客观规律

就运动训练学的理论体系而言，对运动训练规律的理解要从一般规律、项群属性与专项特点三个层面开展研究。掌握运动训练基本特点和一般普遍规律，指导各个专项运动的训练实践，使每个专项的训练活动都以科学训练理论为依据。只有把不同性质的运动项目作为研究对象，才能正确地理解和掌握各个项目的本质属性与特征，并根据其特性来选择适宜的训练方法与手段，制定合理的计划，从而达到理想的训练效果。可见，了解并掌握运动项目的性质及特征，对于树立训练理念，改革训练方法和手段，科学地安排训练起着重要作用。

（2）训练理念蕴涵"训练应然"的价值指向

训练应然是由训练主体所追求的目的、宗旨、追求、感情、意志和其他要素等组成，它构成了主体完成的价值规律。在运动训练中，主体对"善的""美的"的追求，包括主体本身的兴趣、需求、能力与审美观念等，就是为了适应主体需要，在实践活动中创造出新对象。从而使人改造世界、认识世界活动和自身发展相融合，在追求与创造价值的同时，人们还实现并确证了自身的价值，构成了属于人类的文化和价值世界。

（3）训练理念是对训练主、客体及其关系的综合

认识主体和认识客体构成了认识活动的对立的两极。在认识过程中，所谓主体，就是认识与实践承担者；所谓客体，是指能被主体所感知并对其产生影响的事物和事件。客体是与主体相对立存在的，它既可以指代物质对象，还可以指精神现象，也可以指代一定意义上的虚构或者符号。从哲学意义上说，主体与客体不是绝对分离的，它们都是相互关系、相互作用、相互依赖的统一体。客体除指同活动有关的客体事务之外，还有它本身。受到运动训练的特殊性的影响，竞技体育将主体和客体充分地结合在一起，统一为一个整体。竞技体育是一项高度社会化的复杂工程，它涉及社会生活的各个方面。教练员和运动员之间应建立一种互信的良好氛围，教练员要做到详细地理解、仔细地交流、苛刻地要求和从技术上、思想上和其他方面对队员们给予了全方位的关怀，从而发挥运动员主观能动性，调动其训练积极性。

（二）训练理念的形成机理

作为一种观念来说，训练理念是现实训练世界或训练主体（教练员或运动员）所处背景环境进入他们的思维并经加工改造的精神（意识）产物。它是在训练活动中产生并被运用于实际工作中的一种思想观念。同时训练理念形成的过程还反映出训练主体对于运动训练规律以及训练主体和客体在观念上的一致性。训练理念是训练活动中的一个重要因素，它与运动成绩有直接关系。即训练理念的形成源于主体自身的学习实践过程，也是基于他现在的知识，基于他对于未来的期待。它既包括训练主体自身对训练规律的理解和把握，又包括对外界环境条件的了解和适应以及对训练目标实现途径的选择等方面的内容。这些都会影响主体的动机，并且决定了他的为人处世、道德水准与职业操守，由此左右他们的训练方式。因此，研究教练员训练理念的生成机制就显得尤为重要。概括起来，教练员训练理念之形成，与其以下背景相关：

1. 社会背景方面

当我们对任何社会问题进行剖析的时候，马克思主义理论是绝对需要的，就是将问题上升到某一历史范围内。竞技运动训练同样如此，它不仅要解决运动员自身的发展问题，还要解决如何满足人们日益增长的精神需求问题。竞技运动训练就其本质而言，是一种社会需求的结果，受到政治、经济等社会诸多因素的影响。从某种意义上说，竞技运动训练过程中所发生的一切，都要受到特定社会背景的影响。所以作为一种训练理念来指导运动训练实践，也是不可能游离于社会之外的，他始终置身于特定的社会历史背景之中，与特定历史条件有关。因此，训练理念是一种特定历史时期内特定社会群体对运动员的具体要求或期望。所以训练理念的产生与发展首先受到社会背景这一宏观历史条件环境的影响。

2. 文化背景方面

在认识世界和改造世界观的进程中，人类专门以自身"文化"作为"中介"，同世界产生了"属人"关系。比如科学、哲学、宗教、艺术、伦理等，这一切，构成了人类进行实践活动之根本。体育作为社会生活的一部分，它所体现出来的价值取向，不仅受社会政治制度、经济状况等因素的制约，还受着民族心理和风俗习惯以及宗教信仰的深刻影响。因此，民族的价值观念同样决定着民族体育发展的走向，一个民族审美情趣的高低，会影响体育内容的取舍，一个民族道德情操的高低，会制约着体育活动是否正常进行。从某种意义上来说，一个民族的社会历史文化背景及其传统心理意识又会直接影响其体育运动形式及特点，从而形成不同民族特有的体育精神和生活方式。也就是说，某一族群的心态习惯会影响该族群对体育文化的选择倾向，而运动的选择趋向，又决定了运动的根本生存方式，运动训练这一特殊的体育文化现象，同样不可避免地要受文化的熏陶。

3. 实践背景方面

认识，就是人的心灵对世界所产生的一种反映，能深刻而正确地反映世界的本质及其规律性。在现实生活中，人们总是把自己通过实践对周围事物或现象所作出的判断、评价、预测等作为一种反映。所以，在人类社会存在的过程中，人们对客观事物及其规律的反映，就是社会实践。社会实践既可以改变客观世界，并且还将改变人类的主观世界，即人类对外间世界的认识。认识总是与一定的物质生活条件相联系的，并随着生产力的发展而变化。由于社会实践的历史是不断发展变化的，因此人们的认知也有一个历史发展过程。与此同时，人也在为使其行为能够实现预期目标而努力，然后在实践的过程中不断进行考验、纠正并深化自己的理解。这就要求我们在进行社会活动时必须符合客观规律，实现了合乎规律性和合乎目的性相统一。训练理念既是教练员根据运动员个体的实际情况制定出的目标和计划，也是指导训练工作的指导思想。训练理念的形成不能脱离对客体、主体以及主客之间价值关系理解，同时，也取决于实践活动的规律，而对于实践活动的规律的认识只有在实践中才能获得。训练理念是训练员在训练实践过程中所体现出的一种思维方式、价值观以及由此产生的行为模式。教练员只有在运动训练实践中获得关于运动训练实践本质和过程以及它的基本规律的正确认知，才有可能产生相应的训练理念。教练员这种在运动训练实践中理解所产生的训练理念，就是通过他作为一名运动员、教练员亲身经历和体会所获得；是通过教学、科研专业实践所得；是通过训练管理所得。这些都是他们在训练中积累起来的宝贵的东西。因此，可以说教练员的训练理念是一种"经验"，它是在长期的实践经验中逐渐积累起来的。例如，美国著名教练鲍勃·希尔，其篮球理念的形成历程就是这样：高中篮球运动员——大学篮球运动员——大学篮球助理教练——大学篮球教练——NBA 教练。

4.知识背景方面

知识,就是前人所取得的认识在主体心中所形成的思想之网,也就是认识的结构,思维的结构,是一种全新的认识活动,也是一种对信息进行加工处理的"软件",它是生产思想产品的一种操作方法,一种加工工具,它赋予主体从事认识活动的主动性和能动性。主体对客体的作用过程就是一个不断建构自己的知识结构的过程,也是其认知结构不断发展变化的过程。知识水平与程度体现了主体自身地位、兴趣以及他和客体之间的价值关系等,这些都对其实践活动与认识活动产生了直接的影响。人的素质决定了知识和能力的形成过程以及发展方向。对人们的实践活动起着支配作用的理念除了一般理论之外,也需要理论和实际相统一的认识,同时还有情感、意志、价值、审美观及其他意志因素的介入。知识作为一种意识形态,是人对客观世界认识的结果,也必然包含一定的情感和意志因素,但这不是知识本身所固有的,而是由社会历史发展决定的。知识与情感、意志、价值观和其他一些要素相互融合,形成了一个整体,统一在一起共同起作用。也只有当它们相互融合,形成一种统一体时才能发挥最大功效。这一统一体在最高层面上的体现,是哲学世界观。基于此,训练的概念应运而生,对实践活动进行直支配或对实践活动进行直接介入。因此,训练理论对训练实践的指导作用是个比较复杂的过程,需要通过一系列中间环节,该系列中间环节组成了训练观念体系,最后形成训练理念。

二、运动训练理念的发展历程

运动训练理论对竞技体育的推动作用,并非同步进行的,而是在竞技运动达到一定的极限时,竞争越来越激烈,这时传统经验式训练已经不足以适应竞技运动的需求,从而催生了新的运动训练方式,从而推动竞技运动的进一步发展。

苏联有关运动训练理论研究较早。苏联格里涅夫斯基于1922年完成《科学的训练原理》一书。这是最早的一部有关运动训练的专著,该书发表后引起很大反响。苏联学者列·巴·马特维耶夫于20世纪60年代提出了"周期训练理论",并于1964年出版了《运动训练的分期问题》一书。

1964年在民主德国,迪特里希·哈雷博士的主持下,《训练学》讲义得以完成,1969年《训练学》正式出版,这是全球首部综合型运动训练学研究专著,标志运动训练学正式成为一门独立的学科。从此，运动训练学便成为体育科学中发展最迅速的分支领域，并逐渐形成了较为完善的体系。在全世界学者们的普遍重视与努力之下，逐渐形成了运动训练学的理论体系。1977年列·巴·马特维耶夫出版了《运动训练原理》一书，由于该著作有很高的科学性、概括性与应用性，直到今天，它仍然是运动训练理论中公认的经典。他所建立的"三因素"模型是现代体育科学中最重要的理论之一。它所提出的周期训练理论，更具有深远的意义。它是现代运动训练理论发展过程中一个极其重要的里程碑。除此之外，还有苏联弗·纳·普拉托诺夫编著的《运动训练的理论与方法》、联邦德国学者葛欧瑟主编的《运动训练学》、美国学者福兰克·杰克逊编著的《运动训练原理》等，这些著作为丰富与完善运动训练学的理论框架打下坚实基础。

运动训练学在我国的发展，是从20世纪50年代开始的，但是1966年以前则以运动训练学萌芽时期为主。这一时期所取得的成果是以对西方体育科学体系和方法的介绍为主。这一阶段，主要是通过部分文献译著和对外国专家在华讲稿的整理来实现的，一些单项训练理论逐渐被介绍出来。这一时期所产生的研究成果大多集中于对某些项目的专门论述上。受国外研究影响下、冲击和国外众多运动训练学论著层出不穷的大环境影响，国内部分学者也已开始跳出专项理论桎梏，探讨运动训练方法、过程与负荷等基本规律。在这期间提出"三从一大"训练原则，运动训练理论已开始走向科学化发展。

20世纪70年代以后，国际交往渐趋频繁，国内学者对国外多部专著的介绍和翻译十分活跃。与此同时，我国体育工作者还对西方一些著名的运动训练学家和运动训练方法进行翻译和引进。如蔡俊五等翻译引进的迪特里希·哈雷博士的《训练学》、张人民等翻译引进弗·纳·普拉托诺夫的《现代运动训练》等。这些译作在一定程度上丰富和发展了我国运动训练科学理论，对促进我国运动训练水平的提高起了很大作用。

1981年由中国体育科学学会主持，在过家兴和其他一批专家多年的共同努力下，1983年国内第一部《运动训练学》专著出版，宣告运动训练学学科在中国诞生。此后几年内，我国许多著名专家学者和教授相继撰写出版了自己的专著或论文，推动了这一新兴学科的发展。1982年学者徐本力在全国青年篮球队教练员训练班编写出了《运动训练学》的内部讲义。此后，又有不少学者对该书进行修改和补充。1986年董国珍又主编了《运动训练学》内部教材。1988年"运动训练学"被国家教委列为运动训练专业主干课程之一。随着体育教学改革的不断深入，"运动训练学"作为一门学科已越来越受到人们的重视。

三、运动训练的基础

（一）运动训练的范围

运动员通过系统、集中的训练以完成特定的目标。训练的目的是提高运动员的竞技能力，从而提升运动成绩。训练是一项系统工程，会涉及生理学、心理学及社会学的诸多变量。在此期间，训练要遵循循序渐进、区别对待等基本原则。在整个训练过程中，运动员的生理和心理素质得以塑造，从而满足一些严格的任务要求。不管是初学者还是职业运动员，至关重要的一点是制定切实可行的训练目标。训练目标要根据个人能力、心理特征和社会环境来设计。有些运动员是为了赢得比赛或提高成绩，有些运动员则是追求获得运动技能或进一步提高生物动作能力。不论是目标如何，都应尽可能地精确及可测量。不论是短期计划还是长期计划，在训练开始之前就应设定好，并且明确实现目标过程的具体细节。而完成这些目标的最终时刻，往往是一次重大的比赛。

（二）运动训练的目标

训练是运动员为了达到最佳竞技状态的准备过程。通过制定系统的训练计划，可使教练员的训练工作更有效率，而设计训练计划需要借鉴各门学科的知识。

训练过程是以发展专项特征为目标，这些特征与完成不同的训练任务紧密相关，包括全面身体发展、专项身体发展、技术能力、战术能力、心理因素、健康管理、伤病预防以及相关理论知识。要想获得上述能力，需要根据运动员的年龄、经验和天赋，运用个性化、适宜的方法和手段。

1.全面身体发展

全面身体发展也称为一般身体素质，是所有体育运动训练的基础。一般身体素质发展的目的是改善基本的身体能力，如耐力、力量、速度、柔韧和协调。运动员全面身体发展的基础越扎实，就越能经受住专项训练，最终才可能发挥出更大的运动潜力。

2. 专项身体发展

专项身体发展也称为专项身体素质，是为了发展专项运动所需要的生理或身体素质特征。这种训练类型是为了实现运动的一些特定需要，如力量、技能、耐力、速度和柔韧性。不过，许多运动项目需要各种关键运动能力的组合，如速度—力量、力量—耐力或速度—耐力。

3. 技术能力

这种训练强调以发展技术能力为核心，技术能力是获得体育运动项目成功所必需的条件。提高技术能力是以全面和专项身体发展为基础的，例如完成体操十字支撑动作的能力，要受到生物动作能力中力量因素的制约。针对发展技术能力训练的最终目的是在于完善技术动作，优化专项运动技能，专项运动技能是展现最佳竞技状态所必需的。发展技术能力应当在正常和特殊状况（如天气、噪音等）下进行，并且始终要围绕完善运动项目所必需的专项技能而进行。

4. 战术能力

发展战术能力对于训练过程也是极为重要的。战术能力训练的目的是完善比赛策略，该项训练要以竞争对手的战术研究为基础。具体来讲，这种训练的目的是利用运动员的技术和身体能力来制定比赛战术，增加比赛获胜的概率。

5. 心理素质

心理准备也是确保发挥最佳体能所必需的要素。有些专家也称之为个性发展训练。不管术语如何称谓，发展心理素质（例如自制力、勇气、毅力和自信）对于成功展现运动能力是必不可少的。

6. 健康保养

运动员的整个健康状况应当引起充分重视。健康保养可以通过定期健康检查和适当的训练安排来实现，其中适当的训练安排包括将大量艰苦训练和阶段性的休息恢复搭配进行。必须特别注意伤病和疾病，在训练过程中应给予重点考虑。

7. 伤病预防

预防损伤的最佳方式是确保运动员已经提高了身体能力，形成了参加严格训练和比赛所必需的生理特性，并确保进行适量训练。安排不当的训练包括负荷过大，这将会增加受伤的风险。对于年轻运动员来说，以全面发展身体为目标是极为重要的，因为这样可以提高生物动作能力从而有助于降低受伤的可能性。此外，疲劳控制也尤为重要，越是疲劳，发生受伤的概率就越大。因此，应当充分重视并制定一个控制疲劳的训练计划。

8.理论知识

应当在训练过程中充实运动员有关训练、计划、营养和能量再生等方面的生理学和心理学知识。运动员理解进行某种训练活动的原因非常重要，教练员可以针对各项训练计划的目标进行讨论或要求运动员参加关于训练的座谈会议来达到这一目的。让运动员具备关于训练过程和运动项目理论的知识可以提高运动员决策能力以及增加其对训练过程的关注，这样可以让教练员和运动员更好地制定出训练目标。

四、多学科理论引领下的项群训练理论及发展

（一）基于新理论、新技术、新方法的项群训练

2018年1月，国务院发布的《关于全面加强基础科学研究的若干意见》指出，"当前，新一轮科技革命和产业变革蓬勃兴起，科学探索加速演进，学科交叉融合更加紧密，一些基本科学问题孕育重大突破。世界主要发达国家普遍强化基础研究战略部署，全球科技竞争不断向基础研究前移"。项群训练理论作为体育学领域的基础学科理论，应引起更多人的关注。

项群训练理论属于体育学理论范畴。体育学是集生物学、文化学、教育学、社会学、心理学、管理学等于一体的综合应用型学科。如何确保项群训练理论内在理论特色前提下，还可以兼收并蓄其他学科，较好地利用该理论话语权，是今后对项群训练理论的研究与开发的一个思路。应用新理论、新方法、新技术，适时对项群的训练理论进行研究，能够促进研究团体、团队与流派的多样化，从而共同推动体育学的发展，以及丰富竞技体育学研究的对象。

（二）基于竞技规则与场地器材变更的项群训练

竞技体育的背景下，竞技者（运动员、教练员）培训及参赛活动、竞技场地、竞赛规则等密切联系，一起形成竞技体育主客体关系。从这个意义上讲，竞技运动是由多个因素相互作用所形成的复杂系统。其中，各项目竞技规则内容改变越大，次数越多，分析并揭示在规则变化时，某一项群以及不同项群中运动员的情

况、教练员竞技能力发展与表现上的变化规律，以竞技规则为重要自变量，对不同项群训练实践活动进行调查，会更具现实意义。

（三）运动员、教练员、管理者及观众的项群特征

在教练员理论不断发展的今天，教练员执教研究有较大进展。目前，许多学者已经将目光投向我国教练员执教的现状与存在的主要问题上。很明显，就我国竞技体育的发展而言，尤其在某些落后项目及潜在优势项目开发方面，碰到的一个瓶颈就是教练员执教的能力与水平问题。这不仅影响到这些项目的可持续发展，还制约着我国竞技体育事业的整体进步。伴随着职业化的浪潮，我国竞技体育风起云涌，有些经济实惠、具有观赏性的运动项目已经变成了政府、社会、公众共同关注的焦点，它今后的发展，已经成为一种国际战略。因此，我国教练员要肩负起国家赋予其的历史使命——通过科学的方法培养高水平运动员并使之为社会主义现代化建设做出贡献。这一任务也必然会推动项群培训理论的研究范围得到进一步发展。

运动员竞技能力培养和获得过程中的决定因素及影响因素具有多维性和复杂性，在运动训练过程中，主体和内容既关系到运动员，还和教练员、管理者、受众、媒体和其他许多团体有关。项群训练理论作为一种新型训练体系对我国竞技体育的改革具有重要意义。项群训练的理论研究要强化研究运动员、教练员和竞技能力、讨论竞技项目之间的应然关系，其中要特别注意主体、客体以及主客体之间的相互关系的研究。

（四）项群训练理论在竞技参赛领域的应用与延伸

训练为了比赛这一思想，也为今后项群训练理论在比赛与参赛领域中的研究工作提供支撑。不同项群在训练学特征和训练学方法方面已取得了丰富成果，但不同项群的运动员、教练员竞技参赛的机制与特征研究，完成项群参赛理论构建，与项群训练理论共同完成竞技体育理论的匹配与完善，应是项群训练理论的一个重要研究领域。

（五）项群训练理论的国际推介

作为我国竞技体育学的理论，甚至可以说是体育学理论体系里最具中国特色

应用理论之一，项群训练学被提出后，便受到了国际竞技体育学界的重视。随着我国体育事业改革的不断深入发展，项群训练研究也逐渐成为国内学术界的热点和重点研究课题之一。不管是对中国竞技体育学理论介绍，还是传播中国竞技体育文化，如何更好地在国际上推介项群训练理论，是未来研究的重要课题。为此，我们应在充分理解和借鉴国外先进研究成果的基础上，结合我国实际情况，制定出一套适合于本国国情的推广模式。具体办法和手段是请相关学者对项群训练的理论文献进行系统的翻译以及召开国际性学术会议等。

训练理念为训练实践提供了内在动力，是竞技体育运动项目训练的基础，在整个训练过程中，训练理念起着举足轻重的导向作用。优秀运动员和教练员都非常重视训练理念的形成与发展。正确而超前的训练理念，将给运动训练带来根本的指导性方针和政策，使培训取得最好的效果。训练理念决定着竞技体育的风格、发展趋势，技术、战术特征等，这些最终都决定了运动成绩的高低。因此，研究和探讨如何建立一个符合现代竞技体育特点的、适应时代发展要求的新型训练理念就显得尤为重要了。

第二节 运动训练的原则

运动训练原则，是运动训练过程客观规律的反映，遵循训练原则就是遵循训练过程的客观规律，在很大程度上反映了训练的科学化水平；违背训练原则就是违背训练过程的客观规律，训练就不是科学的。运动训练原则对训练实践的重要指导作用也主要表现于此。因而实施科学化训练，就必须遵循运动训练原则，训练原则的贯彻是科学化训练的最重要的体现。

一、运动训练原则的概述

（一）体育运动训练原则概念的演变

虽然不同时期国内外的《运动训练学》中关于运动训练的原则有很多解释，但是彼此间的争议并不是很大，当然他们在字面表述方面还是存在一定的差异。1990年出版的体院通用教材《运动训练学》中指出，"从运动训练学的角度研究认为运动训练原则是运动训练过程主要的客观规律的反映，是运动训练实践普通经验的概括和科学研究成果的结晶，是进行运动训练必须遵循的准则"。

2000年田麦久在其主编的《运动训练学》中认为，"运动训练原则是依据运动训练活动的客观规律而确定的组织运动训练所必须遵循的基本准则，是运动训练活动客观规律的反映"。

2007年，张洪潭在其专著《体育基本理论研究：修订与拓展》一书中对运动训练原则与训练原理概念进行了专门的探讨，他认为"训练原理，是对运动训练活动中规律性问题的认识成果。训练原则，是针对运动训练全过程的重要环节和突出问题而提出的用以指导训练实践的基本规范"。

通过对不同时期运动训练原则的梳理，我们可以清楚地发现虽然它们在表述上有一定的差异，但是从整体上还是达成了共识，即大部分的学者普遍认为运动训练原则是运动训练过程中客观规律的反映，同时也是运动训练过程中必须遵循的准则。从这些中我们也可以看出运动训练原则来源于运动训练实践中的普遍规律。另外，从上述运动训练原则的定义中我们可以看出其本质基本一致，具体来讲运动训练原则的本质是准则、规范，这也和其对属概念原则的解读表达一致。但是对其外延的认识却发生了循环定义的情况，也就是在对运动训练原则进行表述时使用了"运动训练原则是运动训练过程中……"的方式，在这个表述中并内有交代清楚运动训练过程具体包含那些环节和问题，这在无形中导致人们对运动训练原则认识的不统一。

（二）体育训练原则的再定义

在上文的分析中，我们提到学术界对运动训练原则本质的认识比较统一，但是在外延的认识上产生了差异，其根本原因在于对运动训练过程的解读，从以往关于运动训练原则的定义上来看，人们并未对"运动训练过程"做出具体的解释，也没有明确其具体范围，进而产生了认识上的差异，这也是作者试图对运动训练原则再定义的原因。

我们需要明确的是运动训练过程包括哪些问题。从学科体系的角度来看，运动训练学与运动选材学、运动管理学、运动参赛学共同构成了竞技体育学，而且每个不同的学科都有其独特的研究范围和研究领域。第一，运动参赛学。该学科主要研究的是如何让运动员更好地参加比赛，并在比赛场上发挥出最佳的水平。第二，运动选材学。该学科主要研究的是如何通过科学的方式方法来选拔优秀的运动员。第三，运动管理学。该学科主要研究的是运动训练过程中运动员、教练员以及运动训练过程本身的组织、协调、控制等管理方面的问题。第四，运动训练学。该学科的主要研究对象是运动员，具体来讲就是对运动员训练的多少、如何训练、训练什么等方面问题的研究。而这些问题在具体的运动训练过程中又会表现出什么样的规律呢？通常情况下来讲，运动训练基本规律主要包含以下五个方面：一是运动项目规律，二是运动训练规律，三是运动适应规律，四是运动参赛规律，五是竞赛制胜规律。运动训练中的这五个规律有各自的职责，其中运动项目规律为训练指明了方向，就像一个"灯塔"，它在无形中明确了训练的核心并解决了"练什么"的问题；运动训练规律是训练的方针，其主要目的是为了优化运动训练，从而解决"怎么练"的问题；运动适应规律涉及的内容较多，其中有心理、生物、社会等方面的问题，其主要解决的是"练多少"的问题；运动参赛规律主要是研究比赛的策略，如比赛准备、比赛安排等；运动竞赛制胜规律往往受以上规律的影响，同时它也具有自身特殊的规律，具体表现为复杂性、主次性、能动性。

在前文分析的基础上，作者结合邓云龙先生的理论研究成果，认为运动训练实践中的基本规律可以概括为以下三个方面：一是项目规律，二是训练规律，三是运动适应规律。由于运动参赛规律和竞赛制胜规律属于运动参赛学学科，为此作者并未将其归入运动训练学的研究范围。通过这样的划分，我们明确了运动训练原则的外延，这也就是说我们解决了"为什么练""练什么""练多少""怎样练"的问题。

从以上的分析中，我们可以对运动训练原则的定义再定义，即教练员或运动员针对"为什么练""练什么""练多少""怎样练"的问题而制定的指导训练实践的基本准则，而这些准则往往来源于对运动项目规律、运动训练规律以及运动适应规律的不断认识。从这个定义中我们不难发现，它不仅明确了运动训练原则要解决的问题，同时也指明了运动训练原则的来源，除此之外，该定义也表明运动训练原则的动态性特点，即随着人们运动训练实践经验的增长而变化，这也是导致不同时期人们对运动训练原则认识产生差异的主要原因之一。

（三）运动训练原则制订的依据

从某种意义上来讲，来源和提出的依据对于"原则"而言具有十分重要的意义，但是人们在提出运动训练原则时却忽视了这两点。人们在确定运动训练原则或在对其下定义时便直接给出了依据，如"运动训练原则是依据运动训练活动的客观规律而确定的组织运动训练所必须遵循的基本准则，是运动训练活动客观规律的反映"。或者使用这样的语句，如"纵览各国学者对运动训练原则的提法及其阐述的观点，结合我国运动训练的实际情况，本章集中论述自觉积极性原则……"。抑或是直接给出运动训练原则，而这些都没有明确运动训练原则的具体依据，这些都在无形中导致运动训练原则体系处于不断变化之中，无法形成稳定的体系。作者认为运动训练原则确定的依据主要包含以下几个方面：

1. 人们对运动训练过程客观规律的认识

规律主要指的是客观事物之间的必然联系，通常情况下它既不能被创造，也不能被消灭，但是我们可以通过不断地认识与探索来发现它。为此，运动训练规律蕴含在运动训练过程之中，人们之所以提出各种运动训练原则，这主要是建立在他们对运动训练客观规律认识的基础上。从具体上来讲，这些客观规律主要有项目规律、训练规律、运动适应规律。

2. 训练目标的制约因素

训练原则主要是为训练目标而服务的，为此它受训练目标的制约。一般情况下，在不同的训练阶段训练的性质也会有所不同，这就导致训练目标在不同的阶段有不同的特点，而运动训练原则也会随之表现出阶段性特点。不管是在训练内容、训练方式、训练方法，还是在训练负荷等方面，初期阶段的训练和高水平阶段的训练之间都有明显的差异。在以往初级阶段的运动训练中，由于我们过度强调竞赛成绩，从而导致部分运动员在进入高水平阶段之后很难提升自身的成绩，同时也大大缩减了运动员的运动寿命，而出现这些问题的直接原因是：没有清楚地认识不同阶段的训练目标。

3. 丰富的运动训练实践经验

从根源上来讲，运动训练原则来源于运动实践，人们通过对运动训练实践经验的总结，从而找到运动训练的客观规律。通常情况下，运动训练原则形成之后便会运用在运动训练实践之中，它不仅为运动训练实践提供指导，同时也接受运动训练实践的检验，人们也是在这样的环境下不断完善运动训练原则的。例如周期安排原则，现阶段体育竞赛体制的变化十分快，在这样的体育竞赛环境下运动员可以参加的比赛项目也增加了很多，如果我们还按照之前制定全年的训练计划，很有可能无法应对比赛项目增多的问题，为此采取周期安排的原则，这样可以结合竞赛实际情况合理制定、调整训练计划。

4.运动员的身心发展规律

从运动训练对象的角度来看，运动训练务必要符合人的身心发展规律以及年龄特征，否则运动训练将无法促进运动员的可持续发展。这主要是由于运动训练的对象是人，所以只有符合运动员身心发展规律和年龄特点的训练原则，才能提升运动训练的效果。例如，在初级阶段训练中，儿童的思维主要体现在表象上，为此在制定运动训练原则时要以此为依据，即制定训练直观性原则。此外，人的身心发展也存在一定的差异，为此运动训练原则的制定也要遵循因人而异的原则。

二、高校体育运动训练基本原则

体育运动训练主要指的是运动员在教练的专业指导下，不断提升自身的身体素质、专项训练运动水平的一种训练方式，同时运动员通过训练获得更高层次的运动技能，进而实现专业训练下的状态。从根本上来讲，体育运动训练的目的是为了让运动员在教练员的帮助下提升自身的运动水平，在体育竞赛中获得更好的成绩。体育教学主要指的是教师在依据体育课程安排和体育教学大纲的基础上，向学生传授体育课程方面的知识，从而提升学生的身体素质，同时不断磨炼学生的品格与毅力，与此同时体育教师也要结合体育锻炼的标准，开展有计划的教学，从根本上引导学生，让学生积极主动地行体育锻炼，并且从中掌握体育知识，让学生的身体和心理都能健康发展。

（一）一般训练与专项训练相结合的原则

一般训练与专项训练相结合的原则就是指在运动训练过程中，充分全面考虑各方面的因素来安排二者的训练比重，如运动项目的特点、运动员的运动水平、不同训练阶段的任务等。

通常情况下来讲，一般训练和专项训练的内容和手段有所不同，同时二者的训练作用也有所差异，但是其最终的训练目的是一致的，即提升运动员的专项运动水平与成绩。对青少年运动员来说，在训练的基础阶段，离开一般训练，过多采取专项训练的内容和手段，对今后的发展是不利的，重要的是如何按不同水平和层次的运动员的实际情况，在训练过程的不同时期和阶段，恰当地安排好一般训练与专项训练两者的比重。

（二）系统不间断性的原则

系统的不间断性原则是指从初期训练到出现优异运动成绩，以及保持和继续提高，直至运动寿命的终结，都应系统的、不间断的。

（三）周期性的原则

运动训练过程的周期一般分为：多年训练周期（4—8年）、训练大周期（0.5—1年）、中周期（4—8周）、小周期（4—10天），以及训练课（1.5—4小时）这几种不同类型的训练周期，并以此制定各种训练计划。

每个训练周期是由准备期、竞赛期和休整期三个相互紧密衔接的时期所组成。而每个时期都有其各自的主要任务、内容、负荷的安排、手段和方法。

就运动项目的特点而言，各运动项目对运动员机体能力有不同的要求，而且赛季的安排也不尽相同，如体能类的耐力性项目、准备性训练和比赛都要消耗巨大的体能，并且需要恢复的时间相对较长，因而全年大周期就相对较少；而一些技能类表现性项目和对抗性项目，尤其是球类，相对来说竞赛安排较多，赛季也长，全年训练大周期就多一些，多采用多周期（如双周期）制，或者竞赛期安排的时间较长，此外冬季运动项目如滑雪、滑冰等，受季节的影响，一般也只安排1—2个大周期。

在现代运动训练中，有的项目的优秀运动员年度中参加重大比赛的次数较多，并要求多次创造优异运动成绩，因此有的研究提出多周期的安排，这在优秀运动员的训练中是需要进一步通过实践和科学研究加以探讨的。

（四）区别对待的原则

区别对待原则主要指的是教练员在运动训练过程中结合运动员的个性特点，有针对性地制订个性化的训练任务，同时选择恰当的训练方法，并为运动员安排合适的运动负荷。在此处我们所提到的个人特点主要包含以下几个方面的内容：一是运动员的年龄，二是运动员的性别文化水平，三是运动员的身体条件，四是运动员承担运动负荷的能力，五是运动员的技战术水平，六是运动员的心理素质。

（五）适宜负荷的原则

通常情况下，适宜负荷原则主要指的是在运动训练中安排不同性质的体育训练，并加强训练强度使运动员身体的各个机能受到刺激，通过这种方法可以有效提升运动员的运动技能，适宜负荷原则下需要保证运动员在规定的时间内完成训练并恢复体力，在此基础上将运动负荷增加至最大。由此可以看出，运动负荷训练的最大特点就是让运动员在训练的过程中不断突破自身的极限，从而取得良好的运动成绩。我们在进行运动负荷训练时，需要注意科学掌握负荷的强度，只有这样才能发挥出此种训练方法的效果，提升训练质量。

第三节 运动训练的方法

现代运动训练的发展与运动训练方法有十分密切的关系。通常情况下，在运动训练过程中会运用很多的训练方法，而不同的训练方法又有其独特的特点和作用，如果想要解决在运动训练过程中遇到的问题，仅凭一种训练方法是不够的。在日常运动训练中，往往需要根据具体的训练任务，同时还要结合运动员的运动水平、训练场地等多方面因素来灵活选择训练方法。运动员训练效果的好坏取决于运动训练方法的选择以及运动训练方法的开发。尤其是近年来，世界各国的体育竞技水平都有了明显的提升，运动员的综合素质水平也有了较大的改善，世界各国在运动员的培养与训练上逐渐趋于接近，为此想要提升运动员的运动竞技水平就需要不断优化、更新训练方法。对于教练员而言，不仅要掌握现有运动训练方法的特点和作用，同时也要结合运动员的实际情况创新运动训练方法，提升运动员的竞技水平。

一、运动训练方法概念及其意义

方法指的是认识事物、研究事物，并为了达到预期的目的而采用的一种办法。

一般情况下，运动训练需要完成运动员的身体、心理、技术、战术等方面的任务，并在此基础上实现提升运动员的专项运动成绩的目的，在这个过程中所采用的一系列的办法就是运动训练方法。在以上运动训练过程中提到的各项任务及目的的实现都离不开运动训练方法，换句话来讲只有选择科学的运动训练方法才能完成这些任务并实现其目的。另外，训练科学化主要体现在运动训练中运用科学的训练方法，最大程度上挖掘运动员的潜能，使其快速掌握专项运动技能和战术。

体育运动训练是一个动态发展的过程，它并非静止不变的。从具体上来讲，体育教师按照课前所指定的体育训练方案和训练目标来展开体育教学活动，并在此基础上指导、监督学生完成体育课程中的教学目标，从而提升学生的个人身体素质、心理素质，进而实现全面发展。

从整体上来讲，体育训练主要包含两方面的内容：一是体能训练，二是运动技巧训练。一般情况下，体育教师在教学中会结合体育教学大纲、学生实际情况来制定相应的教学计划和教学内容，并在此基础上遵循由易到难的教学原则，让学生掌握体育理论知识和体育技能。体育运动训练与体育教学有明显的不同，其主要表现在竞争性，教师在教学中更加注重学生在体育竞赛中的成绩，在训练中会根据学生的短板进行有计划的训练，从而确保学生的全面发展，使学生在运动训练中实现自我突破。

二、运动方法的基本分类

运动训练方法有很多种，合理使用运动训练方法可以快速提升运动员的身体技能和运动素质，通常情况下我们将运动训练方法分为以下三类：一是语言类，二是直观法，三是练习法。此外，每个分类中还包含很多具体的训练方法，具体如下：

语言类：讲解、口令、指示、讲评。

直观法：示范、图表、幻灯演示、电影、录像等。

练习法：分解、完整、持续、重复、间歇、变换、游戏、比赛等。

以上三类方法中的具体训练方法主要适用于运动员的身体、战术、技术等方面的训练。例如，我们想要让运动员快速掌握某一项运动技能，在训练中我们可以运用语言类中的讲解法，让运动员对运动技能有一个大致的了解，然后采用直观法中的示范法为运动进行演示,此外,还需要运用练习法中的重复法让运动员不断的练习,只有这样运动员才能准确掌握这项运动技术。想要发挥运动训练方法的效果,势必要掌握这些训练方法的侧重点,如讲解法、示范法、分解法,这些训练方法主要针对的是技术运用的训练初期,通过这些训练方法让运动员对技术动作有一个正确的认识,并理解动作技术要领,而重复法、持续法、间歇法主要用于进一步巩固已掌握至的动作其熟练运用阶段;而在身体训练中,为提高运动员的机能,发展运动素质,这几种方法也是运用的重点。

三、运动训练的几种方法

(一)完整训练法

完整训练方法主要指的是在训练过程中,教练员并没有拆分技术动作,而是完整地进行训练的方法。通常情况下,完整训练方法主要应用在那些难度不大的技术动作教学中,也就是说完整训练方法适合运用在学生学习掌握难度较低的动作教学中。例如在体操运动训练教学中,教师不仅要关注各个动作之间的关联性,也要关注那些重点、难点的体操动作,并针对这些体操动作进行重复性的训练,从而使学生熟练地掌握一整套的体操动作。如果体育训练内容比较难时,体育教师不能只采用完整训练方法,还需要结合实际情况辅以其他的训练方法。例如,在学习跨栏时,教师可以让学生先从低栏开始练习,然后慢慢过渡至正常栏,让学生在这个训练过程中掌握跨栏的动作要领。

(二)分解训练法

分解训练方法指的是训练过程中,教练员将一套完整的技术动作进行拆分,并遵循由易到难的原则让学生逐渐掌握动作技术。从某种意义上来讲,分解训练法可以最大限度上降低运动训练的难度,为此这种训练方法有助于提升学生对动作要领的理解,正是由于它的这一优点使其成为最流行的运动训练方法之一。体育教师在教学中可以运用分解训练法来解决那些训练难度大、重点动作等方面的教学问题,运用这种教学方法也可以在一定程度上提升学生学习的自信心。我们在看到分解训练法优点的同时也要注意它的不足之处,由于这种训练方法将完整的动作技术作了拆分处理,为此学生的脑海中并未对其完整的动作形成体系。从目前的体育教学情况来看，体育教师常用的分解训练方法主要有两种：一是分段分解训练法，二是顺序分解训练法。

（三）游戏训练法

通常情况下，体育项目的训练比较枯燥，而这些与学生爱玩的性格相违背，所以一些学生在长期的体育训练中产生了抵制情绪，影响了体育训练的效果。为了解决这一教学问题，一些体育教师为了最大程度激发学生体育训练的兴趣开始改变教学方法，将趣味游戏融入体育训练之中，形成了游戏训练法。此外，相对于其他训练方法游戏训练法还有以下的教学优势，即受时间、地点的影响较低，同时游戏教学法也符合学生喜欢新鲜事物的心理特征。

（四）比赛训练法

比赛训练法指的是通过模拟、真实比赛的途径进行训练。从某种意义上来讲，比赛训练法的提出具有一定的依据，其中涉及很多方面的内容，如人类竞争的天性、爱表现的意识，又如竞技能力形成过程中的基本规律和适应原理，此外其依据还包括现代竞技运动的比赛规则等。体育教师通过比赛训练法的方式可以全面提升学生比赛所需要的各项专项身体素质，从而提升他们的比赛竞技水平。一般情况下，比赛训练法主要有教学性比赛方法、模拟性比赛方法、检查性比赛方法以及适应性比赛方法四种。

（五）间歇训练法

间歇训练法指的是对多次的练习时间做出严格的规定，从而使运动员的机体在不完全恢复的状态下反复练习。从具体上来讲，间歇训练法主要有以下几个方面的作用：第一，在严格的间歇训练中，运动员的心脏功能得到明显的提升。第二，通过运动负荷强度的调节，运动员身体的各项机能都会发生明显的变化。第三，通过进行不同类型的间歇训练，运动员的有氧代谢能力得到了明显的提升。第四，通过对间歇时间的严格控制，运动员可以在更加激烈的比赛中保持稳定的技术动作。第五，通过间歇训练方法，运动员的抗乳酸能力得到提升，从而使其具有长时间运动的能力。通常情况下，间歇训练方法主要包含以下几种类型：一是高强度间歇训练方法，二是强化性间歇训练方法，三是发展性间歇训练方法。

四、运动训练方法的发展方向及创新途径

（一）运动训练方法的发展方向

一是将体能训练融入体育教学。从根本上来讲，将体能训练融入体育教学是对传统体育训练方法的补充，这样可以更好地保障学生的全面健康发展。

二是优化运动训练方法。加强对训练方法的优化不仅是现阶段体育教学面临的一个新课题，同时它也可以帮助教师合理地安排运动负荷，提升运动训练效果。

三是密切关注参与者运动体能的发展。从某种程度上来讲，对参与者运动体能的关注同关注国家体育事业的发展有异曲同工之妙。

四是丰富体能训练方法和手段，同时还要时刻关注体育界的新研究，并将新器材和理论引入体育运动训练之中。

五是坚持以学生的主体性地位。学生是体育教学的主体，在实际教学中要结合学生的实际情况安排合理的训练负荷，与此同时训练负荷也要随着学生身体素质的变化而调整。

（二）运动训练方法的创新途径

1. 破旧立新

想要创新运动训练方法，势必要摒弃传统思想观念和训练模式，正所谓不破不立。例如，教练员应当对自身所掌握的思想观念进行创新，从一个全新的角度来认识运动训练工作的重要性，同时还要重新审视之前的训练思路和手段，判断这些原有的训练思路和方法是否还符合当前社会需求。此外，教练员还要进行自我反思——如果按照传统的训练方法是否还可以提升运动员竞技水平。教练员只有经过对这些问题的思考才能明确哪些训练思路和方法已经不适合当前社会需求，哪些训练方法需要创新，然后教练员在这个基础上破旧立新，创新运动训练方法，提升运动训练效果。

2. 克弱转强

教练员在对运动员训练过程中需要找出运动员身上的短板，并在此基础上制定有效的训练方法来消除运动员身上的短板，使其转换成运动员的强项，进而全面提升运动员的竞技水平。因此，教练员在运动训练中应将运动员的短板作为

选择训练方法的依据，即在选择训练方法时想一想这个方法是否可以消除运动员自身短板，如果现有的训练方法无法完成这一目标，那么教练员就需要对现有的训练方法进行创新，使其将运动员的短板转换为强项，进而培养出更加优秀的运动员。

3. 逆向思维

虽然我国教学改革已经推广实行了很多年，但是传统经验对当下教学的影响依然有影响，这也导致一些教练员在确定训练方法时往往困在一个固有的框架之中，在这个框架中他们的思维被固化，很难创新。如果想要破除这一困境，教练员势必要转换思维方式，借助逆向思维形成正确的运动训练观念，并在此基础上结合运动员的实际情况创新出有价值的训练方法。由此不难发现，培养教练员的逆向思维具有十分重要的意义，教练员只有具有了逆向思维才能突破传统思维的桎梏，创新符合现代社会需求的运动训练方法。

4. 移花接木

近年来，我国经济、科技水平得到了全面的提升，随着我国综合国力的提升，国家逐渐加强了对教育的重视程度，为此知识的综合应用程度有了明显的提升。现阶段，很多学科的知识之间看似没有什么直接的联系，但是在实际教学中我们却可以将其融合在一起进行教学，这在一定程度上反映了知识的渗透力越来越强，同时也反映了知识的聚变效应有所提升。在这样的社会环境下，教练员在创新训练方法时也可以将其他学科中的知识原理、方法融入体育运动训练方法创新之中，通过"移花接木"的方式可以将各个学科之间的知识有效连接在一起，从而创新出更加科学、先进的训练方法。例如，教练员将信息论、系统论等知识理论融入运动训练工作之中，在这些理论知识的作用下教练员创新的运动训练方法更加符合实际情况，因此运动训练方法的功效也可以发挥至最大，这对推动体育科学稳定发展有积极作用。

现阶段，无论是运动训练理念，还是各大体育赛事都在不断地发展，我们要充分认识到现代体育运动训练的重要性，尤其是其在专项化、科学化、多样化、学生主体化等方面的重要性。与此同时，我们还要结合学校的实际情况以及差异化的训练目标不断创新运动训练方法。

第五章 体育专项训练方法与实践

本章主要从运动训练的角度，概述球类运动，包括篮球运动、足球运动、排球运动、羽毛球运动、乒乓球运动；有氧运动，包括有氧健身跑、游泳；塑身运动，包括瑜伽、健美操的基本训练技术和方法。

第一节 球类运动训练方法

在体育运动项目中，比较显著的一类就是球类运动，主要指的是一些运动项目的总称，包含足球运动项目、篮球运动项目、排球运动项目、乒乓球运动项目、羽毛球运动项目与网球运动项目等。作为综合性较强的一项体育运动项目，球类运动对于参加者存在一定的要求，需要他们在具备良好基本运动能力的同时，例如，跑、跳、投等，还要对于球类运动各项项目的专门技术与战术熟练地掌握并应用。

一、球类运动的特点

1. 球类运动的趣味性特点

球类运动，顾名思义，其练习活动的开展需要对"球"这一器材进行使用，因此，使球类运动的趣味性与吸引力得到了增强。

2. 球类运动的观赏性特点

在球类运动的高水平比赛中，存在着激烈紧张的、异彩纷呈、高潮迭起的氛围。而人们关注的焦点不仅仅是球队的整体战略技术，还可以是球类运动员高水平的技能与技巧，所以，毫无疑问地说球类运动比赛的观赏能够给人带来艺术的享受与体验。

3. 球类运动的锻炼性特点

生命的主要意义在于运动的开展。如果在球类运动参与的过程中，能够对科学的锻炼方法进行使用，不仅能够作为有效的途径，实现练习者身体素质的增强，还能够作为有效的方法，使练习者的身体健康得到促进。

4.球类运动的广泛性特点

由于球类运动自身具有显著的特点存在，一直以来都受到人们的广泛追捧。伴随体育运动的不断发展，人们对体育健身的思想观念逐渐加深了认识，同时，很多种类别的球类运动项目已经成为全球化的体育运动项目，例如，足球运动项目，被人们称作是世界第一运动。由于球类运动不限制参与者的年龄，即便是少年或者是老人都能够参与，所以，球类运动在人们生活中承担的任务也越来越重。

二、篮球运动基本技术

（一）篮球运动概述

篮球运动是运动员在篮球场上运用各种技术和战术并遵循规则以投篮得分为中心的对抗性球类运动比赛项目之一。篮球起源于美国，是1891年美国马萨诸塞州斯普林菲尔德基督教青年会训练学校体育教师詹姆士·奈史密斯博士发明的。比赛时，两队各上场5名队员，包括前锋2人，中锋1人，后卫2人。全场40分钟，分上、下两半场。

1932年在日内瓦成立了国际业余篮球联合会。1936年在第11届奥运会中，篮球比赛被正式列为比赛项目。女子篮球兴起于20世纪初，1976年第21届奥运会中，女子篮球被列为比赛项目。

1895年篮球运动由基督教青年会传入中国。1931年华北联合会篮球比赛列为正式比赛项目。

中华人民共和国成立后，我国篮球运动得到了蓬勃发展，形成了"积极、主动、快速、灵活、全面、准确"的发展方向，技术、战术水平有了很大的提高，涌现了姚明、巴特尔、王治郅和刘玉栋等一批优秀选手，逐步完善了全国篮球联赛（CBA）和大学生篮球联赛（CUBA）。

篮球运动具有很强的集体性和凝聚力，可以培养队员齐心协力、团结合作、密切配合和顽强拼搏的团队精神。通过激烈的对抗运动，达到培养青少年顽强的意志品质和坚韧不拔的精神。

篮球运动不受年龄、性别和职业的限制，既能增强体质、促进健康，又可以丰富人的业余文化生活，提高人的生活质量和情操。

当代篮球运动以 NBA 水平最高，它是世界篮球高水平的代表，具有技术、战术更全面、更精细、更准确、高速度、高空中优势和高对抗等特点。

（二）篮球移动技术的动作要点

移动是队员在比赛中改变位置、速度、方向和争取高度时所采用的各种脚步动作的统称。移动是篮球技术的基础。在进攻中，突然的快速移动可以摆脱防守，创造良好的进攻机会；在防守中，及时合理地移动可以保持和抢占有利的位置防守对手，争取防守的主动权。

1.起动

篮球运动项目开展过程中的起动，主要是指在球场中练习者的一种动作，即从静止状态向运动状态转变，同时，起动也能够作为一种方法，促进位移初速度的获得。

在篮球运动项目开展过程中，起动的动作要领在于在动作开始前降低重心，前倾上体，双手手臂的肘部弯曲，在体侧自然垂直，后脚或者异侧脚的前脚掌的蹬地动作要用力，伴随手臂快速摆动的动作进行起动。

起动中比较容易出现的错误是：没有及时地移动重心，后脚的前脚掌或者是异侧脚没有做出充分地蹬地动作，存在较大的步幅。对阵篮球运动中起动常见的错误，纠正的有效方法是，蹬地时快速用力，尚未向前倾上体，突然的摆动手臂起动，最开始的两步或者散步应该快速且步幅小。

2.跑

在篮球运动项目开展的过程中，跑作为一种脚步动作，目的在于争取时间促进攻守任务的完成。一般来讲，在篮球运动项目的比赛活动中，主要有以下几种常见形式的跑：

（1）变向跑

如果方向的改变是由右边向左边的时候，在最后的一步通过右脚的前脚掌内侧作用力蹬地的动作，同时还要稍微内扣脚尖，屈膝迅速，之后左转腰部，向左前方前倾上体；对重心进行移动，向左前方跨出左脚，之后再快速地前进。

（2）变速跑

在篮球运动中，通过改变跑动速度来促进攻守任务完成的方法就是变速跑。练习者从慢跑向快跑转变的时候，前倾上体，短促有力地用前脚掌向后蹬地，同时摆动手臂要迅速，在开始的两步或三步的时候，步幅要小，使跑的频率得到加快。当练习者从快速跑向慢速跑转变的时候，需要抬起上体，加大步幅，用过前脚掌同地面接触，使冲力得到减缓，进而使练习者跑步的速度得到降低。

（3）后退跑

在篮球运动项目开展的过程中，当练习者做后退跑动作的时候，需要交替地使用双脚的前脚掌蹬地且跑动向后，同时，还要挺直、放松上体，双手手臂的肘部弯屈同摆动相配合，使身体保持平衡，两只眼睛半视，对场上的情况进行观察。

（4）侧身跑

在篮球运动项目中，侧身跑的关键目的在于，当练习者跑向前方的时候，朝着跑动的方向将脚尖对准，同时将头部与上体向着球所在的方向转动，以便于对场上的情况进行观察。

3. 滑步

在篮球运动项目的防守移动中使用频率比较高的一种步法就是滑步。滑步对于练习者身体平衡的保持是非常有利的，能够移动向任何一个方向。对于滑步而言，一般可以将其分成三种类别，即前滑步、后滑步、侧滑步，其中侧滑步也就是横滑步。

4. 急停

急停是队员在运动中突然停止的一种脚步动作，分跳步急停和跨步急停两种。

（1）跳步急停

在篮球运动项目的慢速移动与中速移动中，练习者的起跳可能会使用单脚跳，也可能会使用双脚跳，同时会稍微向后仰上体，两只脚要同时落向地面，同时，在双脚落地的时候保持两腿膝盖的弯曲状态，且双手手臂肘部弯屈向外张开，使身体保持平衡。

（2）跨步急停

在篮球运动项目开展的过程中，如果快速移动的时候练习者需要急停，那么就需要跨一大步向前，后仰上体，后移重心，先着地的一定是要用脚跟，然后向全脚掌抵住地面过渡，快速的弯屈膝盖。之后就可以进行第二步了，当双脚落地以后，稍微向内转脚尖，通过前脚掌内侧做出蹬地动作，弯屈双腿的膝盖，使上体向侧稍微转动同时向前微倾，在双脚之间保持重心，双手手臂的肘部弯曲自然打开，使身体保持平衡。

5. 转身

转身作为一种篮球运动项目中的脚步动作，是以练习者的一只脚作为中轴的存在，同时用力地将另外一只脚蹬地，旋转身体，进而使练习者的身体方向得到改变。在转身动作完成的过程中，身体重心向中枢脚转移，将脚提起，将前脚作为中轴，用力向下碾地的同时，移动脚步使劲蹬地，随着移动脚的转动，上体也要转动。需要注意的是，身体重心不能上下起伏，其转动需要沿着一个水平面。当练习者的转身动作完成以后，使自身身体保持平衡，以促进同下一个动作之间的衔接。

通常来讲，我们会将转身分成两种，即前转身与后转身。前转身，主要指的是移动脚跨步转向中枢脚前方，进而使练习者的身体方向得到改变；而后转身，主要指的是移动脚撤步转向中枢脚，进而使身体方向得到改变。

（三）传球、接球

传球、接球是篮球比赛中队员之间有目的地转移球，它是组织进攻配合、实现战术的关键，是一切组织进攻的基础。传球应力求快速、准确、及时、到位和隐蔽。

1. 主要传球技术动作要点

（1）持球

双手自然分开，同时拇指相对并形成八字，用手指的上部部分握住球两侧的后下方，同时手心不要接触球，两臂弯屈，肘关节自然下垂，将球放在胸前位置。

（2）双手胸前传球

两手握球于胸前，前臂稍前摆，用手腕和手指快速抖动将球传出。

（3）双手头上传球

两手握球于头上，两肘和手心朝前。加强蹬地力量，摆动腰腹以带动小臂发力，腕指用力前扣，将球传出。

（4）双手反弹传球

与双手胸前传球基本相同，两臂向前下方用力，腕、指快速抖动传球。球击点和力量大小要以球反弹后接球队员能顺利接到球为宜。

（5）单手肩前传球

以右手传球为例：传球前，左脚向前跨半步，向右转体将球引至肩侧上方。传球时，上体向左转动并带动肩肘，前臂快速前摆，扣腕，手指用力将球传出。

（6）单手胸前传球

持球方法与双手胸前传球相同。传球时，传球手的前臂快速前伸，手腕急促前扣，手腕、手指用力将球传出。

（7）单手反弹传球

手法与单手胸前传球基本相同，只是手臂向前下方用力，球击地后，反弹给队员。

2. 主要接球技术要点

（1）双手接球要点

双手接腰部以上的球时，手臂伸出迎球，两拇指相对成"八"字形，虎口相对，手指朝上。手指触球后，迅速收臂将球置于身前或体侧。双手接腰部以下的球时，手臂伸出迎球，两拇指相对成"八"字形，虎口相对，手指朝下。手指触球后，迅速收臂将球置于身前或体侧。

（2）单手接球要点

单手接球时，接球手自然伸出迎球，五指自然分开，手心对球。手指触球后，迅速收臂将球引至身前，另一只手迅速扶球。

（3）行进间双手胸前传球、接球要点

腾空接球时，左（右）脚落地后，右（左）脚上步，同时将球传出。双手接球后，马上收臂后引，然后迅速伸前臂，抖腕出球。

（四）运球

持球队员在原地或移动中用手连续按拍，借助地面使球反弹起来叫运球。它是组织进攻经常采用的一项基本技术。运球的基本动作，分为高运球、低运球、运球体前变方向、运球背后变换方向、运球后转身、运球急停急起。

(五)投篮

1.原地单手肩上投篮

接下来我们以右手投篮为例:右手的五指自然张开,并向后屈腕、屈肘,使球的维持保持在右肩部上方,用左手扶住球的一侧,然后两腿微屈。在做投篮动作时,力量由上而下发出,同时提肘,手臂向上方伸展,最后用右手的示指、中指将球投出。当球出手之后,手腕保持前屈、手指向下的姿势(图5-1-1)。

图 5-1-1　原地单手肩上投篮

2.原地双手胸前投篮

用双手将球放在胸前,同时保持肘关节自然下垂的姿势;上体微微向前倾斜,两腿弯曲。在投篮时,两脚同时蹬地发力,同时两臂向前方伸展,与此同时手腕向外翻,然后用拇指、示指、中指将球送出(图5-1-2)。

图 5-1-2　原地双手胸前投篮

3.行进间单手高手投篮

接下来我们以右手投篮为例。在接球或运球上篮时,右脚向前迈出一大步,同时双手持球,然后左脚紧跟着向前跨出,脚用力蹬地、起跳,当身体接近最高点时，右手的手指向后、掌心向上，托住球的下部，然后向篮筐的方向伸臂，并用右手的示指、中指将球投出。

4.行进间单手低手投篮

接下来我们以右手投篮为例。在接球或运球上篮时，右脚向前迈出一大步，同时双手持球，然后左脚紧跟着向前跨出，然后脚用力蹬地、起跳，当身体接近最高点时，右手的手指向前、掌心向上，托住球的下部，向篮筐的方向伸臂，并用右手的示指、中指将球投出（图5-1-3）。

图5-1-3 行进间单手低手投篮

5.原地跳起单手肩上投篮

在准备投篮时，屈膝使身体重心降低，然后两脚用力蹬地、起跳，同时用双手将球举到肩部上方位置，此时右手托球的底部，左手扶球的左侧方，当身体接近最高点时，左手离开球面，然后右臂向上伸，同时右手手腕用力前屈，借助右手示指、中指的力量将球送送出，当球出手之后，右手的手指和手腕自然前屈。

6.急停跳起跳投

（1）接球急停跳起投篮

在移动中或腾空接到球双脚落地之后，双脚的指尖要对准篮筐，然后膝盖弯屈并用力跳起、投篮，此时投篮的动作与原地跳起单手肩上投篮动作一致。

（2）运球急停跳起投篮

在运球的过程中将身体的重心放低，可以借助跨步急停或跳步急停的方式跳起投篮，其出手投篮动作与原地跳起单手肩上投篮一致。

三、足球运动基本技术

（一）传球

1. 脚内侧踢球技术

足球运动项目的练习者在传球开始之前，应该进行直线型助跑，在最后一步的时候，跨步要大。当支撑脚跨步向前进行支撑的时候，练习者的脚掌应该同地面之间保持一定的距离，同时保证落地支撑的积极、快速。当练习者的支撑脚落地的时候，先落地的应该是脚后跟，通过滚动式向前到全脚掌支撑过渡。此外，练习者需要注意的是，应该适当弯曲支撑腿的膝关节，使身体重心的稳定得到保持。

2. 脚背内侧踢球技术

斜线助跑，助跑方向与出球方向约成45°。助跑最后一步要大一些，一般应保持在本人跨一大步的距离较好。支撑脚落地时以脚跟及脚掌的外侧沿先着地，然后过渡到全脚掌。支撑脚脚尖指向出球方向，膝关节微屈支撑身体重心，上体略向支撑脚一侧倾斜并稍侧转体（支撑脚一侧的肩部稍向前，踢球脚一侧肩稍向后）。支撑脚与球的位置以支撑脚脚尖与球的前沿保持平齐较好，左右距离以支撑脚的内侧沿与球的外侧沿保持15~20厘米较好（不同骨盆宽度的人可以适当调整支撑脚与球的左右距离，但一般不要超过25厘米）。在支撑脚着地的同时踢球腿以髋关节为轴，大腿带动小腿由后向前摆动（大小腿折叠要紧），当踢球腿膝关节摆至球的内侧垂直上方时，小腿做爆发式前摆（大小腿突然打开），脚尖稍向外侧转，脚尖指向斜下方，脚背绷紧固定，以脚背内侧部位踢球的正中后部（踢高球时，可踢球的中下部）。踢球后身体重心随踢球腿的前摆向前移动。

3. 脚背正面踢球技术

直线助跑，最后一步要大一些，成跨步，支撑脚要积极跨步落地，以脚后跟先着地形成滚动式着地支撑。支撑脚的位置是左右距离为支撑脚的内侧沿与球的外侧沿距离在10~15厘米之间，一般不应超过20厘米。前后距离以支撑脚的脚尖与球的前沿保持平齐为好，过前过后都会影响踢球的效果。在支撑脚落地支撑的同时，踢球腿大腿带动小腿（大小腿折叠紧状态）由后向前摆，当膝关节摆到球的垂直上方前的瞬间，大腿制动减速而小腿爆发式突然加速前摆，以脚背正面部位触踢球的正中后部位。踢球后自然向前跟出保持身体重心的平稳。

4. 脚背外侧踢球技术

踢平直球时，助跑、支撑位置与姿势、踢球腿的摆动基本与脚背正面踢球动作相同。只是用脚背外侧触踢球。在踢球腿的膝关节摆到球的垂直上方前的瞬间，小腿做爆发式前摆，小腿前摆时，脚尖向内转并向下指（踝关节内收并旋内），脚背绷紧，脚趾扣紧，以脚背外侧部位触击球的正中后部。踢球后身体随球向前自然移动，保持身体平衡。

（二）停球

1. 脚内侧停球

脚触球的面积大，易停稳，便于改变踢球方向和衔接下一个动作。停地滚球时，支撑脚膝关节微屈，停球脚正对来球，小腿放松，当球滚到身体下方时，触球的中部，若来球力量较大时，停球脚随球后撤，把球停好。停凌空球时，停球腿大腿高抬，膝关节外转，停球脚前迎以脚内侧对准来球，脚触球的一刹那，小腿放松，顺势向后下撤，将球停好。

2. 正脚背停球

面对来球，支撑脚位于停球点侧后方，膝关节微屈。停球脚小腿前伸，以脚背对准正在下落即将触地的球，使球的底部落在放松的脚面上即可将球停好。该停球方法多用于停高空下落球，便于在快速奔跑。

3. 脚外侧停球

停地面来的地滚球，停球脚稍提起，膝关节和脚内转，以脚外侧对正来球，在支撑脚的前侧接触球的侧后方部位，触球时向停球脚一侧轻拨，把球停在侧方或侧后方。该停球方法常常与假动作结合起来做，具有隐蔽性，但身体重心移动较大。

4. 大腿停球

要判断好球的落点，支撑脚立在停球点的侧后方。停球时，大腿高抬，小腿自并，顺势先后下撤，把球停在体前。该停球方法停球稳准，动作简单，容易掌握，停空中下落的球时多采用这种方法。

5. 胸部停球

正对来球，两腿微屈，上体稍后仰，两脚开立比肩宽。当来球与胸接触的一刹那，吸气，两脚蹬地，胸部迎球上挺，触球的后中下部，使球微弹起，把球停在体前。该停球方法触球面积大、位置高、停球稳、用途广，一般停空中下落球时多用此法。

（三）运球

1. 脚内侧运球技术

在足球运动的运球技术中，最慢的一种就是脚内侧运球。脚内侧运球，主要是指在需要练习者身体对球进行掩护的一些死角区域或者边线附近需要使用的足球运动项目运球方法。为了能够使对方队员不能抢走球，练习者应该通过侧身转体的姿势将对方的防守队员挤靠住。此外，一般来讲，"之"字形的路线是通过脚内侧来完成的。在足球运动项目脚内侧运动的过程中，稍微向前跨出支撑脚，在球的前侧方踏住，弯屈膝关节，前倾上体，做出侧身运球的状态，即向运球脚的一侧转体，提起运球脚，在对球的后中部进行推拨的时候使用脚内侧部位。

2. 脚背内侧运球技术

足球运动项目练习者在跑动的过程中，需要自然放松自己的身体，做出小些的步幅，前倾上体，同时微微朝着运球的方向转动。练习者提起运球脚的时候，要稍微弯屈膝关节，提起脚跟，稍微向外转脚尖，在迈步向前的时候通过脚背内侧向前推拨球，在对方向进行改变的时候，常常会对脚背内侧运球技术进行使用，同时，通常来讲，运动的过程中经常会走出"之"字形路线。

3. 脚背正面运球技术

足球运动项目练习者在跑动的过程中，需要自然放松自己的身体，做出小些的步幅，前倾上体。当练习者提起运球脚的时候，要弯屈膝关节，提起脚后跟，稍微向下指脚尖，同时，在迈步向前的时候通过脚背正面部位对球的后中部向前推拨。

足球运动项目的脚背正面运球技术的适用情况是：在快速跑动的过程中，由于前方存在较大纵深距离而必须要进行突破或者快速运球的时候。

（四）抢截球

1. 正面抢截

正面跨步抢截球时，两脚开立，屈膝，身体重心下降，面对运球者。当运球者脚刚刚着地时，抢球者一脚即蹬地，抢球脚快速触球并改变球运行路线。如果双方的脚同时触球，抢球脚顺势上提，使球从对方脚背滚过，同时身体迅速跟上，把球控制住。正面铲球时，两脚前后开立，两膝弯曲，身体重心下降落于两腿间，面对运球者。当运球者脚刚刚落地时，一脚立即后蹬，另一脚前伸，然后蹬地脚迅速跟上，以脚跟着地，沿着地面向前滑铲球。上体要后仰，两臂屈肘，尽量以臀部触地。

2. 侧面合理冲撞抢球

侧面合理冲撞指的是防守人员在与运动球平行跑动中抢截球的方法，抑或是防守队员从后方追成和运球者平行时采用的抢截球的方法。当与对方并肩跑时，将身体的重心放低，同时与对方紧贴的手臂要紧紧贴在自己的身体上，当对方靠近自己一侧的脚离地时，防守队员用靠近进攻方的手臂肘关节以上的位置合理冲撞进攻方的相应部分，使其身体失去平衡而失去对球的控制，趁机获得球的控制权。

易犯错误：冲撞时，用手或肘、臂推对方，造成犯规。不是在对方靠近自己一侧的脚离地时进行合理冲撞，因而影响效果。

练习方法：两人一组，间隔约2.5米的距离。教师用脚控球站在两人之间，三人共同面向出球方向。在教师出球后，两人快速启动争抢球，在争抢球过程中合理运用冲撞，其中一人在护住球的同时卡住另一人的路线。

3. 侧后抢截

动作要点：铲球是抢截技术中难度较大的一种技术，在足球比赛中被防守队员广泛采用。通常是在对手带球或接球越过自己、来不及用其他方法抢球时采用倒地铲球动作。当控球者拨出球的一刹那，抢球者后位脚用力蹬成跨步，前位脚以脚外侧沿地面向前外侧滑出，用脚背或脚尖将球踢或捅出，然后小腿外侧、大腿外侧和臀部依次着地。

四、排球运动基本技术

排球运动是参与者在准备姿势、移动、起跳、滚翻和跃扑等动作基础上用手做发球、垫球、传球、扣球和拦网等动作组成进攻与防守的集体竞赛运动。

（一）准备姿势

准备姿势主要指的是更好地完成各种动作技术而采取的合理的身体姿势，这里所讲的"合理的身体姿势"指的是既可以确保身体相对稳定，又可以灵活移动完成各种击球动作的姿势。从身体重心的角度来讲，我们可以将准备姿势细分为三种：一是半蹲准备姿势，二是稍蹲准备姿势，三是低蹲准备姿势。不同的准备姿势的作用也有所不同，一般情况下半蹲准备姿势主要用于接发球、拦网、各种传球；稍蹲准备姿势主要用于完成助跑扣杀动作以及对方正在组织进攻而不需要快速反应时；低蹲准备姿势主要用于后排防守、进攻保护以及拦网保护。

1. 半蹲姿势

在排球运动项目中，最为基本的一种准备姿势，也是比较常见的准备姿势就是半蹲准备姿势。要求练习者两腿的膝盖微微弯曲，双脚抵地。

2. 稍蹲姿势

两脚位置与姿势和半蹲准备姿势相同，身体重心较半蹲准备姿势稍高。两臂屈肘程度较小。

3. 低蹲姿势

两脚左右、前后的距离更宽，膝部弯屈的程度更大。低蹲准备姿势较半蹲准备姿势身体重心更低，且更靠前。肩部垂直线过膝，膝部垂直线超过脚尖。

（二）移动

在排球运动项目中，移动的意义在于将球及时接好，同时将人和球之间的位置关系保持好，为击球动作做好准备。比较常见的有以下几种步法：

1. 交叉步

在排球运动项目开展的过程中，交叉步移动的基础和条件是来球同练习者的体侧存在三米左右的距离。交叉步移动具有步幅大、动作快的显著特点。

如果对向右侧交叉步进行使用的时候，需要稍微向右倾上体，在右脚前面，左脚交叉迈出一步，之后右脚跨出一大步向右边，同时使身体向来球方向转动，对击球之前的姿势进行保持。

2. 并步与滑步

在排球运动项目开展的过程中，如果练习者身体同球之间的距离是一步左右的话，那么就能够对并步移动进行使用。当移动进行的过程中，例如，移动向前，前脚跨出一步向来球方向，后脚蹬地跟上。如果来球同练习者之间的距离较远的时候，仅使用并步是不能向球接近的，这时可以对快速的连续并步进行使用。连续并步也被我们称作是滑步。不仅如此，移动包含的步法不只有交叉步、并步、滑步，还有跨步、跑步、跨跳步等。

3. 跨步与跨跳步

跨步与跨跳步是同一类动作。跨步是指向来球方向跨出一大步的移动方法，跨跳步是指在跨步动作的基础上伴有跳跃的技术动作。跨步主要用于接体侧、体前低且速度快的来球。其技术要点是：利用后腿蹬的力量，向来球方向跨出一大步，膝部弯屈。上体前倾，身体重心移至前位腿上，后位腿留在身后。跨跳步是在跨步的基础上，后位脚向来球方向蹬离地面，有一个腾空阶段。前位脚落地后迅速屈膝，后位脚及时跟上，同时降低重心，上体前倾，准备击球。

（三）垫球技术

垫球是排球技术动作中结构最简单的一项技术，初学者首先应该学习此项技术。垫球技术是排球比赛中使用次数最多的一项基本技术，只有掌握好垫球技术，才能在排球比赛中有效地增加击球次数。正面双手垫球是所有垫球技术的基础。

1. 正面双手垫球技术

面对来球，成半蹲或稍蹲准备姿势站立。手的姿势通常有抱拳式和叠掌式两种。抱拳式是两手掌相靠，手指重叠，合掌互握，两拇指平行前伸，手腕下压。叠掌式是两手掌紧靠，两手手指重叠，合掌互握，手腕稍向下压，前臂外翻形成一个平面。垫球时手臂的姿势是两肩前耸，手腕下压，两臂伸直外翻形成一个平面。

垫球击球部位在腕关节以上10厘米左右的桡骨内侧平面。击球点在腹前一臂距离处当来球时，双手、双臂成垫球手型；当球飞到腹前一臂距离时，两臂夹紧，含胸收腹，手臂伸直插到球下，向前上方蹬地抬臂，以身体的协调用力迎击来球，身体重心随击球动作前移。

击球后动作是影响垫球质量的一个容易被忽视的重要环节。击球后，身体重心前移，继续向抬臂方向做送球的动作，使整个动作协调自然。

2. 体侧垫球

体侧垫球是在身体两侧用双手垫球的技术动作。当来球的速度快、飞向体侧距离较远处来不及移动到正对来球方向时，常采用这种垫球方法。

其技术要点如下（以右侧垫球为例）：

左脚脚掌内侧蹬地，右脚向右迈出一步，身体重心随之移至右脚，右膝弯屈。

两臂夹紧向右侧伸出，右臂高于左臂，左肩向下倾斜，两前臂形成一个侧平面。

击球点在身体右侧腰肩之间，手臂击球面，对准来球方向。

利用向左转腰和收腹的力量，配合两臂在体侧拦击球的后下部。

3. 跑步垫球

跨步垫球是向前或向侧跨出一步垫球的技术动作。当球距身体1米左右、来球较低或速度较快来不及正对来球时，可采用这种垫球方法。此技术动作在接发球、接扣球和接拦回球中广泛采用。其技术要点如下（以右手为例）：

迅速向来球方向（向前方或向侧方）跨出一大步，屈膝深蹲，重心落在跨出的脚上，上体前倾，臀部下降。

两臂夹紧伸直，插入球下。

击球点较低，离身体较远。

利用蹬腿抬臂的力量，垫击球的后下部。

击球时保持身体平衡，击球后，后位脚迅速跟进，还原准备姿势。

4. 单手垫球

单手垫球是用一只手或手臂垫球的技术动作。当来球较远、速度快、来不及或不使用双手垫球时可采用，尤其在接扣球和接拦回球时运用较多。

其技术要点如下（以右手为例）：

右脚跨出一大步，迅速接近来球，身体向右倾斜。

右臂伸直，由右后下方向前上方摆动。

用前臂、掌根、手背或虎口等处击球的后下部。

击球时,用屈肘和翘腕的动作将球平稳地击起。

尽可能扩大手的击球面。

(四)发球

在排球运动项目开展的过程中,发球主要是指在发球区域,练习者将自己抛起来的球用一只手向对方场区直接击入的动作。作为排球运动项目的一种基本技术,发球也是一种重要的进攻性技术广泛地使用在排球比赛中。伴随排球运动的不断发展,也促进了其发球技术的持续创新与提高。

1. 正面下手发球

动作要领:面对球网两脚前后开立,左脚在前,两膝微屈,上体稍前倾,重心偏于右脚,左手持球于腹前。发球时将球抛起在体前右侧,离手约20厘米高。抛球前,右臂伸直,以肩为轴向后摆动。击球时,右脚蹬地,身体重心随着右手向前摆动击球移至前脚上,在腹前以手掌击球的下方。

手触球时,手指手腕紧张,手呈勺型。击球后,迅速进入场地(图5-1-4)。

图 5-1-4　正面下手发球

2. 侧面下手发球

动作要领:左肩朝向球网,两脚左右开立,与肩同宽。两膝微屈,上体前倾,重心落在两脚之间,左手持球于腹前。发球时,左手把球平稳抛送于胸前,距身体约一臂远。离手约30厘米高。抛球同时,右臂摆至右侧后下方,接着利用右脚蹬地向左转体的力量带动右臂向前上方摆动,在腹前用全掌击球的右下方(图5-1-5)。

图 5-1-5　侧面下手发球

3. 正面上手发飘球

动作要领：击球前的动作与正面上手发球相同，只是抛球稍低、不旋转。挥臂时由后向前做直线加速挥摆，用掌根或半握拳击球的后下部，用力要突然、短促，使作用力通过球体中心，球在飞行中不旋转而产生飘晃。击球后手臂突停、下拖、突停回收或平砍等动作，可以发出不同性能的飘球。

（五）传球

传球是排球技术中控制球能力最强的一项技术，常应用于二传技术。只有具备较好的传球技术，同伴才有可能进行扣球进攻。

1. 正面传球

动作要领：传球时拇指、食指和中指承担球的压力，其余手指触球两侧协助控制球。球触手的瞬间手指和手腕应保持一定的紧张程度，利用其弹力和伸臂与脚蹬地的协调力量传球（图 5-1-6）。

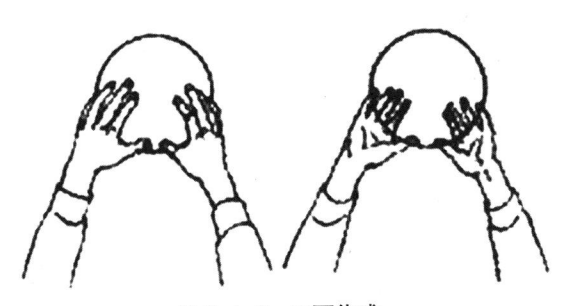

图 5-1-6　正面传球

2. 侧向传球

动作要领：身体不转动，主要靠双臂向侧方伸展的传球动作叫侧传。侧传有一定的隐蔽性。准备姿势和迎球动作与正面传球相同，击球点保持在脸前或稍偏于出球方向一侧。一侧手臂要低一些，另一侧手臂要高一些。用力时，蹬地后上体要向出球方向倾斜。双臂向传出一侧用力伸展，异侧手臂动作幅度较大，伸展较快。

3. 跳传

动作要领：跳起在空中传球叫跳传。跳传在当前的排球比赛中已被大量运用，有的优秀运动员甚至把跳传作为主要的传球方式，这是因为跳传的击球点较高，能有效地缩短传扣的时间间隔，保证快速进攻战术的实施。同时跳传还能够与两次球进攻战术联系在一起，因此具有较大的迷惑性。跳传的起跳动作无论是原地起跳还是助跑起跳，最好都要向上垂直起跳，保持好身体的平衡。当身体上升到最高点时，靠迅速伸臂以及加大指腕力量将球传出。跳传可以正传、背传和侧传，其传球手形、击球点分别与正传、背传、侧传的手形和击球点基本相同。

五、羽毛球运动基本技术

（一）羽毛球运动概述

羽毛球运动是深受人们喜爱而且具有较强的娱乐性和趣味性的体育运动。无论是正规比赛还是一般的健身运动，参与者都要不停地起动、移动、到位击球和回位。通过练习，人的力量素质、速度素质、耐力素质、灵敏素质、柔韧素质以及快速反应能力和判断能力得到明显的提高，人的心血管系统和呼吸系统也得到明显的改善。在身体素质提高的同时，也增强了人们顽强的意志品质，树立坚定的信念和正确的人生观。

羽毛球运动包括单打和双打两种形式。单打有男子单打和女子单打两项，双打有男子双打、女子双打和混合双打三种。羽毛球比赛实行三局两胜制，除女子单打每局 11 分外，其余都以 15 分为一局。比赛时，发球一方获胜的一分，如接发球一方获胜，只得发球权。

目前，由国际羽联组织的世界性比赛有：汤姆斯杯赛（世界男子团体锦标赛)、尤伯杯赛(世界女子团体锦标赛)和世界羽毛球锦标赛(单项比赛)。

(二)握拍法

1. 正手握拍技术

接下来我们所要介绍的各种动作,如果没有做明确的说明,便是以右手握拍为例,如果是左手握拍其动作要领则相反。所有在身体右侧的正手正拍面击球以及头顶后场击球都是运用的正手握拍的方法。

用左手握住球拍的中杠,然后使球拍与地面呈垂直状态,此时右手自然张开,并将右手虎口位置对准拍柄斜棱上的第二条棱线,此时眼睛从左往右可以看到四条棱线,然后运用和握手相同的方式握住拍柄,此时拇指和食指贴在拍柄两侧的宽面上,而右手其余的三个手指则自然握住拍柄。需要注意的是,掌心和拍柄之间应留有一定的空隙,切勿贴得太紧。握拍的位置往往需要根据个人的实际情况来定,一般情况下以球拍柄端靠近手掌的小鱼际为宜。

2. 反手握拍技术

所有在身体左侧的反手反拍面击球都是运用的反手握拍法。在正手握球拍的基础上,将球拍柄向外做适当的旋转,将大拇指贴在拍柄第一个斜棱旁边的宽面上,抑或是将大拇指放在第一条斜棱和第二条斜棱之间的小窄面上,示指稍微向下靠。在击球时,挨着示指后的三个手指要紧紧握住拍柄,同时大拇指要向前顶并发力击球。

(三)发球技术

发球技术是羽毛球运动中一项重要的基本技术。它不仅是羽毛球比赛中每一个比赛段落的开始,也是羽毛球技术方法中唯一可以不受对方制约而由发球者随意运用的一项技术。发球质量的高低,直接影响到发球者下一拍击球的连贯性、主动性,以致关系到比赛的胜负。

1. 正手发球技术

(1)正手发高远球

正手发高远球是以正手握拍、以正拍面击出又高又远的球,球飞行到对方场区上空垂直下落到对方底线附近的一种发球方法。

正手发高远球的动作要领：

①准备动作：发球者站在离前发球线1米左右，靠近中线位置，侧身对网，两脚自然分开同肩宽，左脚脚尖指向网，右脚脚尖指向右侧边线；左手大拇指、食指和中指持球中部置于身体斜前方约同肩高；右手正手握拍，手肘自然弯曲，拍框指向右侧边线；两眼注视对方接发球动向。

②引拍动作：身体重心右移，右臂稍向后引拍。

③挥拍动作：左手松手放球，右腿蹬地，身体重心前移，上体左转90°，前臂外旋伸腕，肘关节靠近身体向前挥拍至身体右前下方，拍面仰角约135°。

④击球动作：前臂迅速内旋，手腕由伸到展闪动，快速向左上方挥拍击球。

⑤击球后动作：击球后，身体重心移到左腿上，持拍手自然随惯性向左上方挥动，还原成接球的准备姿势。

（2）正手发平高球

正手发平高球是以正手握拍、以正拍面击球，球飞行的弧线比高远球低，以对方在中场无法拦截的高度飞向对方底线附近的一种发球方法。正手发平高球的动作要领：基本同正手发高远球，只是击球时前臂内旋和手腕闪动更加快速，拍面仰角在120°～130°。

（3）正手发平快球

正手发平快球是以正手握拍、以正拍面出击，又平又快径直飞到对方底线附近的一种发球方法。

正手发平快球的动作要领：基本同正手发平高球，只是球飞行的弧度更低更快，拍面仰角约110°。

（4）正手发网前球

正手发网前球是以正手握拍，以正拍面发出贴网而过，落在对方前发球线附近发球区内的一种发球方法。

正手发网前球的动作要领：

①准备动作：引拍、挥拍和发球后动作基本同正手发高远球。

②击球：击球时挥拍要放松，手腕、手指控制力量，用斜拍面（仰角110°～120°）向前推送球。

2.反手发球技术

（1）反手发平高球

反手发平高球是以反手握拍、以反拍面发出同正手发平高球飞行弧度一样的球的发球方法。

反手发平高球的动作要领：

①准备动作：站在靠前发球线和中线附近的发球区内，右脚在前，左脚在后，脚尖点地，身体重心在右脚上，面对球网；左手大拇指、食指和中指持球的羽毛置于腹前腰部以下；右手反手握拍，肘部上抬，使拍框垂于左腰侧。两眼注视对方动向。

②引拍动作：持拍手前臂内旋回收，带动手腕展腕向后做回环半弧形挥动。

③击球动作：左手放球，持拍手前臂迅速外旋、收腕向前上方挥拍，击球时拍面仰角在120°～130°。

④击球后动作：击球后迅速制动，将反手握拍转变成正手握拍，成接球准备姿势。

（2）反手发网前球

反手发网前球是指用反手握拍、以反拍面击出同正手发网前球飞行弧度相同的球的发球方法。

反手发网前球的动作要领：

①准备动作：引拍与击球后动作同反手发平高球。

②击球动作：击球时靠手腕、手指控制击球力量，用斜拍面向前上方推送球，拍面仰角在110°～120°。

（四）击球技术

1.高远球

以较高的弧线将来球击到对方场区底线附近叫击高远球。击高远球是一切上手击球动作的基础。高远球的特点是球的弧线高、滞空时间长，它的作用是逼迫对方远离中心位置退到底线去接球一方面可减弱对方进攻的威力，为己方进攻寻找机会；另一方面在己方被动情况下，有较多的时间来调整站位，摆脱被动局面。击高远球分为：正手击高远球、头顶击高远球、过手击高远球、反手击高远球。

2. 网前击球

网前击球即击球位置在网前，它概括了网前击球各种各样的可能性。可以细分为：放网前球、搓球、挑球、推球、勾球、扑球、抹球。

作为前场击球，这些技术的动作小，所需力量也较小，特别要以巧取胜。首先要以快速、合理的上网步伐为基础，只有快速到位，争取从网的较高部位击球，才能给对方更大的威胁。

（五）站位站姿与基本步法

1. 站位与基本站姿

（1）接球站位与姿势

接球时，站在本方场区的中心位置。两脚自然分开同肩宽，右脚在前，左脚在后，脚跟提起，两膝微屈，上体稍前倾，身体重心在左腿上；右手正手握拍，屈肘自然放在胸前，拍框处在左肩前方与视线平齐位置，左手自然放于身体左侧，两眼注视来球

（2）接发球站位与姿势

在右发球区时，站在右场区中心偏左位置；在左场区时，站在左发球区中心位置。接发球时，左脚在前，右脚在后，脚跟提起，其他同接球基本姿势。

2. 基本步法

（1）垫步

垫步是指右脚向前迈一小步，左脚迅速向右脚垫一步，紧接着右脚向同一方向再迈一大步，此时左脚向右脚垫出的一步为垫步。多用于调整步距。

（2）蹬跨步

左脚蹬地，右脚向球的方向跨出一步，脚跟落地后迅速过渡到全脚掌，右腿成弓步。多用于网前和两侧移动步法。

（3）蹬转步

蹬转步是指以一脚为轴，另一脚做向前或向后蹬转迈步。

（4）并步

并步是指右脚向前或向后移动一步，左脚即刻向右脚跟并一步，紧接着右脚再向前或向后移一步，此时左脚向右脚并出的一步为并点。

（5）交叉步

左右脚交替向前、向侧或向后移动为交叉步。经另一脚前面超越为前交叉，经另一脚跟后超越为后交叉。

六、乒乓球运动基本技术

（一）乒乓球运动概述

乒乓球运动最早起源于英国，现在的欧洲人依然将此运动称之为"桌上的网球"，这在一定程度上表明乒乓球运动是由网球运动演变而来。

20世纪之后，乒乓球运动逐渐传入亚洲，自此该运动便在欧洲和亚洲发展起来。1926年在德国柏林举办了国际乒乓球邀请赛，人们也习惯性地将其称之为第一届世界乒乓球锦标赛，与此同时也成立了国际乒乓球联合会。

随着乒乓球运动的广泛开展，乒乓球、球拍都得到较大的改进。最开始乒乓球球拍是一个简单加工的木板，后来为了方便打球人们在木板的表面上又贴上了一层羊皮。此后，随着现代工业的不断发展欧洲人将带有胶粒的橡皮贴在球拍上。20世纪50年代，日本人再次对乒乓球球拍进行了改进，发明出一种贴有厚海绵的球拍。另外，在乒乓球运动刚刚开始的时候，乒乓球是一种橡胶球，1890年时英国运动员吉布从美国带回来一些赛璐珞球，从此它变成了乒乓球。

现阶段世界上有很多关于乒乓球运动的赛事，其中最引人注目的是世界乒乓球锦标赛，在最开始时该比赛一年举办一次，1957年之后世界乒乓球锦标赛每两年举行一次。

1904年，王道午从日本采购了10套乒乓球运动器材，自此之后乒乓球运动正式传入我国。在1988年第24届奥运会上，乒乓球被国际奥委会列为正式比赛项目，引起了世界各国的极大重视。乒乓球被誉为中国"国球"，在20世纪的最后40年里，乒乓球为中国缔造了100多个世界冠军。

（二）握拍法

1. 直握球拍法

直握球拍法常见的有快攻型握拍法、弧圈型握拍法和削攻型握拍法。

(1)直拍快攻握拍法

直拍快攻型握拍出手较快，正手攻球快速有力，攻斜、直线时拍面变化不大，对手不易判断。反手攻球因受身体阻碍，较难掌握，防守时照顾面积较小。其打法因反手大都采用推挡，进攻较弱，反手比较被动，并容易出现漏洞。

正确的方法是拇指的第一节压住球拍的左肩，食指自然弯曲，以第二指节压住球拍的右肩，拇指与示指之间的距离约2厘米；拍柄背面贴靠在食指根部的第三节处下端，中指自然弯曲，第一指节侧面顶在球板背面1/3处，另外二指重叠在中指上（图5-1-7）。

图 5-1-7 直握球拍法

(2)直拍弧圈类型握拍法

直拍弧圈型的握拍法与快攻型的握拍法基本相同，但是在正手位拉弧圈球时中指和无名指要略微伸直，但需注意并不是完全伸直，依然需要保持一定的弯曲，这样可以保证击球时球拍向前倾斜的姿势。这样的握拍方法十分自然地将手臂、手腕、球拍练成了一条线，拍呈横状，这在极大程度上扩大了右半台的控制范围。此外，无论是正手拉弧线球，还是正手扣杀都可以充分发挥手臂的力量。

(3)削攻型握拍法

这种握拍的方法主要是用大拇指紧贴拍柄的左侧，然后用第一指关节用力下压，而其余四个手指则自然分开并拖住球拍的背面。削攻型握拍法对于削球十分有力，无论是正削、反削都十分的灵活。

2.横握球拍法

(1)横拍进攻型握拍法

正确的握拍法是以中指、无名指和小指自然地握住拍柄，拇指轻贴在球拍正面的中指旁边，食指自然伸直斜贴在球拍的背面，虎口的食指根部微贴靠球拍的边缘。用这种握拍法，在正手攻球时不仅食指第二关节要用力（也可以将食指略向球拍中部移动，使示指压拍的用力点与球拍正面的击球点离得更近些），而且中指的第二关节也要协助用力，以便及时将击球用力传到球拍正面瞬间击球的部位。

（2）横拍防守型握拍法

削球防守型的横拍握拍较深，深握的优点是握拍较紧，拍形比较稳定，进攻时上臂和前臂力量能集中到手腕上，发力旋转强。

（3）横拍握拍法手指用力的关键要点

横拍握拍法的中指、食指和拇指握紧球拍是传递击球力量、调节用力方法的关键。反手进攻时，拇指压拍控制拍形角度，传递击球力量，示指的根部关节是用力的支点；正手进攻时，食指与中指压拍控制拍形角度，传递击球力量，拇指第一指节是用力的支点。轻松握住拍柄的无名指、小指和手掌与握住拍颈拍面的中指、食指和拇指配合协调用力，灵活改变拍形角度并保持拍形稳定。

（三）基本站位和站姿

1. 基本站位

在打乒乓球时，基本站位应根据不同类型打法和个人打法特点来确定。左推右攻打法基本站位在近台中线偏左，两面攻打法基本站位在近台中间，弧圈球打法基本站位在中台偏左，攻削结合打法基本站位在中台附近，以削为主打法基本站位在中远台附近。

2. 基本站姿

正确的基本姿势是两脚开立、略比肩宽，脚掌内侧着地，脚后跟略提起，两膝微屈，上体稍前倾，重心在两脚之间；下颌稍内收，两眼注视来球。以右手握拍为例，持拍手臂自然弯屈位于身体右侧，手腕放松持拍于腹前，离身体 20~30 厘米。

（四）发球与接发球技术

接发球是乒乓球技术中一个重要的组成部分，比赛中如果接发球不好，不仅会给对方较多的进攻机会，而且更重要的是常会引起自己心理上的紧张和畏惧，造成一连串的失误；反之，如果接发球接得好，不仅有时可以直接得分，而且还可以破坏对方的抢攻，从而为自己的进攻创造有利的条件。常用的接发球技术有挡、推挡、搓球、削球、抢攻、抢拉等。

1. 正手发左侧上、下旋球

动作要领：正手发左侧上旋球时，手臂自右上方向左下方挥拍，球拍从球的右侧中下部向左侧面摩擦，手腕迅速上钩。正手发左侧下旋球时，球拍由球的右侧中下部向左下方摩擦。

2. 正手发下旋球与不转球

动作要领：发下旋球时，持拍手向前下方挥摆，击球前拍面稍平，击球时手腕发力摩擦球的底部。发不转球时，持拍手向前下方挥摆，击球前拍面稍竖直些，击球时不是摩擦球体而是推打球的中下部。

3. 反手发右侧上、下旋球

动作要领：持球手将球抛起时，持拍手快速向左上后方引拍，以球拍引至左肘下方外侧为宜，手腕适当内屈，拍面向左上方，待球在高点下降时，即向前击球。向前击球分两部分动作完成。从左后上方向右前下方挥摆为第一部分；从右前下方向右前上方挥摆为第二部分。这样，当发生右侧下旋球时，用第一部分动作最后阶段击球，拍面从球的中下部向右侧下摩擦，触球后仍做第二部分动作，也称假动作。当发现右侧上旋球时，第一部分动作为假动作，不击球，用第二部分动作击球。触球时球拍从球的中下部向右上方摩擦。

4. 反手发急上旋球

动作要领：发球时在持球手将球向上抛起的同时，持拍手迅速向左后方引拍，拍形稍前倾，腰稍向左转，待球从高点下降到低于球网时，用前臂和手腕发力，击球的中上部，同时，腰从左侧向右侧转动。

5. 接左侧上旋球

动作要领：接左侧上旋球时，球触拍后向自己的右侧上方弹出，因此，采用推挡回接时拍面稍前倾并略向左偏斜，击球中上部偏右侧的部位，用力向前推挡，以抵消来球的左侧上旋力。如对方的球发到你的正手，也可采用攻球技术进行回击，拍形适当下压。

6. 接下旋球

动作要领：接近网下旋球时可采用搓、挑技术；接旋转强度较强的下旋球时，主要采用搓球技术；击来球下降期时，引拍比接一般下旋球稍高些，延长球在拍面上的摩擦时间。如果攻球回接，应注意调节拍形前倾角度，适当向上用力提拉。以上只是简单地介绍了几种接发球的方法。若想进一步提高接发球的成功率和质量，还应在长期的训练中认真加以研究，根据自身的特点灵活地加以组合运用。应当提出的是，无论采用哪种方法去接旋转发球，都应该有一定的击球速度作为保证，用速度来克制旋转常常是比较有效的。在比赛中如果不敢大胆用力回击球，采用将对方的发球被动地"碰"过去方式，这样更容易造成回击球失误。

（五）攻球

攻球是攻击性技术，因其速度快、力量大和连续性强，已成为乒乓球诸技术中争取主动和得分的重要技术之一。攻球既是初学者必须掌握的主要技术，又是各种类型打法和各种战术组成的基础。包括正手和反手的快点、快攻、快拉、快带、扣杀、中远台攻球和杀高球等多种攻球方法。

1. 强劲有力的正手快攻

对攻相持中的常用技术，站位近，出手快，动作幅度小，球速快，有一定的力量，能为扣杀制造机会，亦能直接得分。

动作要领：身体距球台30~50厘米，右脚稍后于左脚约半个脚掌，腰略右转，重心居于两脚脚掌，上体略前倾。前臂向身体右后方做扇形展开，迎着来球方向引拍，身体重心移至右脚，拍形成半横状。击球时，拇指用力，示指放松，手腕固定球拍，于来球上升期触球中上部，拍面转成前倾，上臂向前挥动，以前臂为主，带动手腕向左前上方发力，腰内收左转助力，重心由右脚移至左脚。球出手后，调节重心，肩、肘放松，上臂自然下垂还原成击球准备姿势。

2. 短小精悍的正手快点

是用直、横拍进攻台内球和近网球的重要技术，尤为直拍正胶快攻运动员使用。动作小，出手快，突击性强，常为攻、扣制造机会。

动作要领：身体距台约30厘米，手臂自然弯屈置于体前，右脚前迈，身体贴近球台的同时，前臂伸入台内，拇指压拍，示指放松，于高点期击球。点上旋球时，触球中上部，拍形前倾，手腕多向前发力；点下旋球时，拍形稍后仰，触球中下部，前臂、手腕和手指配合，向上发力多一些，重心移至右脚。

3. 大刀阔斧的中远台攻球

是对攻相持、防御反击时的常用技术，站位较远，动作幅度比快攻大，靠本身发力击球，力量大，要求步法快、移动范围广，主动进攻能为扣杀制造机会或直接得分。

动作要领：离台1米左右，身体略向右转，左脚在前。前臂自然弯屈，引拍至身体右后方，重心落右脚，于高点期或下降初期，触球中上部或中部，拍形略后仰，充分利用蹬地及腰、髋向右发力，以上臂发力为主，带动前臂与手腕，快速内旋向左前上方挥动，重心由右转左。

（六）削球

削球技术种类很多，总的分为正手削球与反手削球两大部分。

1. 正手削球

左脚稍前，身体离球台1米以外。击球前，手臂自然弯屈，将球拍向右上引至与肩同高，重心放在右脚上。击球时，手臂向左前下方挥动，拍面稍后仰，在下降期击球的中下部，同时手腕向下用力。击球后，球拍随势前送，重心移到左脚，然后迅速还原。

2. 反手削球

击球前，右脚稍前，手臂弯屈，球拍向左上方引至与肩同高，拍柄向下，重心放在左脚上。击球时，手臂向右前下方挥动，拍面后仰，在下降期击球中下部，同时前臂与手腕加速削击来球。击球后，重心移到右脚。

第二节　有氧运动训练方法

一、有氧运动概述

（一）有氧运动的概念

有氧运动，是指促使体内含有的糖有氧氧化供能系统发挥作用。根据相关研究资料显示，人体内在的呼吸循环系统功能可以通过有氧运动得到锻炼，此时人体内的心排血量处在最佳状态，进而使人体内的剩余热量得到散发，达到良好的锻炼效果。

有氧运动应该最好保持在超过20分钟，且维持在30~60分钟之间，并且其运动形式应该对练习者心肺功能的提高能够起到一定的促进作用,常见的运动形式有步行、慢跑、原地跑、骑自行车、游泳、有氧健身操等。而短跑、举重、静力训练或健身器械等运动,一般被称作是无氧运动。虽然它们能够使人的肌肉与爆发力得到增强,但是,之所以说无氧运动的健身效果没有有氧运动理想,主要是因为无氧运动不能够使练习者的心肺功能得到有效刺激。

当参与有氧运动时,个人的呼吸系统和心血管系统功能会呈现良好的状态,最明显的就是个人呼吸节律和心率能够得到控制,使肺通气量和心排血量处在最佳运行水平。要想有效协调肺换气功能,就需要保证肺泡实现最大限度地扩张,而要想有效控制体重或者避免出现心脑血管疾病,就应该合理吸收消化能源物质(体内糖分和脂肪)。

(二)有氧运动的益处

1. 有氧运动有利于心脏健康

心脏健康与否,关系到氧气和供能物质能否有效在体内运转,是支撑生命和运动开展的重要因素。如果体内供能物资储备较为充足,那么机体就会得到氧气量,进而为机体运动功能提供保障。在进行科学有氧运动训练时,个体的心脏器官跳动会更加有节律,此时心脏收缩,意味着会有更多的血液在体内加速循环流动,人体吸收氧气的数值量就会上升,同理,吸氧量上升会使体内氧气需求量得到增加,呼吸频率也会随之加快,逐渐使肺部收张程度得到锻炼。持续性地参与有氧运动,会使肌肉呈现一定的收缩状态,心脏会为肌肉输送氧气,同时将肌肉中多余的能源物质运走。在长时间的有氧运动锻炼下,人体的心肺耐力就会得到提高,从而为迎接更高强度的运动锻炼提供保障。

2. 有氧运动有利于减肥瘦身

散步属于一种有氧运动,在散步过程中,体内的脂肪物质会得到消化利用,从而减少体内血液中含有的中性脂肪,最终实现减肥瘦身。一般来说,饭后30~45分钟是最佳的散步时间,不论散步距离长短,每天坚持1小时且每周至少保持3天的散步锻炼,有利于减肥。

3. 有氧运动有利于保持关节健康

根据英国学界提出的研究资料,个人应该经常性地锻炼特定关节,以保持关节健康。特别是作为身体枢纽的膝盖和肘关节,这是支撑腿部和胳膊保持在同一平面运动的关键。应该注意的是，在侧向拉伸或旋转膝盖和肘关节时，需要控制好力度，以防周围韧带拉伤受损。常见的锻炼膝关节的方式，如简单的步行、下蹲或爬楼梯等。另外，也可以适当参加步行或骑行锻炼活动，保证膝盖或肘关节能够得到合理健康的运动。

4. 有氧运动有利于预防骨质疏松症

经常性地参与有氧运动，会使人体的骨骼密度逐渐增加，从而有效预防骨质疏松。有专家指出，青少年应该保持良好的运动锻炼习惯，这可以使身体骨骼强壮，改善不良的生活习惯。每天坚持 1 小时慢跑、快走或球类运动等，都能强壮骨骼。

5. 有氧运动有助睡眠

有氧运动锻炼强度属于中低水平，这种体育活动适宜青少年、中年及老年人群参与。在参与有氧运动锻炼过程中，人体内的神经系统会发挥调节功能作用，促使体内各个系统器官得到有效运转。此时，人体大脑皮层运动区域会呈现高度兴奋的状态，这有助于身体完成各项动作。在体内神经系统调节功能的支持下，人体大脑皮层兴奋区域会得到较为明显的变化，保证大脑获得充分的调节和休息，并相应提高中枢神经系统运转机能，从而改善睡眠质量。

（三）有氧运动的特点

1. 需要较长时间开展的运动

有氧运动是一种需要较长时间开展的运动，最佳持续时间应该保持在 20～60 分钟之间，而练习者体内的糖或脂肪等物质的氧化为运动提供了所需要的能量。

2. 一种全身性的肌肉活动

对于有氧运动而言，在开展时如果练习者机体全身参加的肌肉越多，那么获得的效果就越好，最佳状态是 1/6 至 2/3 的肌肉群。反之，如果练习者开展的是小肌肉的局部性运动，那么就会非常容易发生局部疲劳，直接中断了运动过程，因此，想要持久开展是不可能的；并且，足够的氧气消耗量是很难达到的，更不要说促进血液系统、呼吸系统与循环系统的改善与提高了。

3. 具备一定的强度

对于有氧运动而言，应该保持在某一个特定的强度范围，最好是在中等强度、低等强度之间，同时，应该保持20分钟或者是更长的持续时间。

4. 具有一定的律动性

有氧运动实际上是一种肢体的律动性活动。如果运动是具备律动性的，那么就很容易对运动强度进行控制，只有这样才能够在适宜的有氧运动强度范围内，维持合适的运动强度，进而获得最佳的效果。反之，如果运动是断续性的，就会存在较大的强度变化，从而获得不理想的运动效果。

二、有氧健身跑

有氧健身跑，是一项群众性的健身活动。即通过跑步能够使身心健康得到增强。尽管有氧健身跑没有较强的吸引力，但是，作为一项有氧运动，却是最为有效、最为简单的。

（一）有氧健身跑的锻炼价值

有氧健身跑的价值主要会通过以下几个方面表现出来：

1. 有氧健身跑能够使心脏得到保护

有氧健身跑锻炼能够促进冠状动脉血液循环的良好保持。如果能够长时间开展有氧健身跑锻炼活动，那么其并不会随着年龄的增长而缩窄自身的冠状动脉，能够保证心肌供血的充足，进而使各种心脏病得到有效预防。

2. 有氧健身跑能够使血液循环得到加速

有氧健身跑能够使血液循环加速，使血液分布得到调整，瘀血现象得以消除，促进呼吸系统功能的提高。作为全身性的一种健身运动，有氧健身跑能够对静脉血液回流起到有力的趋势作用，使盆腔和下肢静脉淤血的情况得到减少，使静脉内血栓的形成得到预防。此外，在有氧健身跑开展的过程中，使呼吸力量得到了加强，呼吸深度得到加大，进而使肺部的通气量得到有效增加，对呼吸系统产生积极影响。

3. 有氧健身跑能够使神经系统的功能得到增强

脑力劳动者通过有氧健身跑，能使疲劳得以消除，对神经衰弱进行预防。这是因为有氧健身跑能够对大脑皮层的抑制与兴奋进行调整，同时对人体内部平衡、精神振作与情绪调剂也存在一定的调整作用。

4. 有氧健身跑能够使人体新陈代谢得到促进，预防肥胖症

在有氧健身跑开展的过程中，能量的消耗是不可避免的，能够对机体的新陈代谢起到一定的促进作用，对于中老年人，尤其中年人而言，能够较好地实现减肥的目的。此外，有氧健身跑还能够使脂质代谢得到加快，使血内脂质过高的情况得到改善，进而促进高脂血症的预防与治疗。

（二）有氧健身跑的基本技术

1. 有氧健身跑的姿势

在有氧健身跑开展的过程中，练习者应该保证正确的跑步姿势，只有这样才能够在节省体力的基础上跑得更快。练习者应该保持身体的正直状态，同时向前微倾，不能使头部和上体左右的摇晃，应该保持始终在一条直线上。对于练习者摆动双臂的动作而言，不仅仅要对身体的平衡进行维护，还能够对两条腿的摆动动作与蹬地动作起到一定的帮助，使跑步的速度得到加快。双臂在摆动的时候应该同躯干之间保持一定的距离，同时自然地前后摆动；双手应该保持半握拳的自然状态，适当地弯屈肘关节，把肩关节作为轴，在做前摆动作的时候，尽可能地不将肘部露出来，在做后摆动作的时候，尽可能地不将手部露出来。同时，切忌低头动作、端肩动作与弯腰动作都不能出现。之所以向后蹬双腿，目的是产生身体前进的推动力，需要注意的是，应该积极有力地进行后蹬，充分伸直髋关节、膝关节与踝关节，腿部的前摆能够使有氧健身跑的步伐得到加大，在做前摆动作的时候，练习者应该放松大腿，同时向前按照惯性呈自然折叠状态。

2. 有氧健身跑的呼吸

有氧健身跑作为一项运动，需要比较大的体力消耗。在有氧健身跑开展的过程中，练习者需要通过肺脏对大量的氧气进行吸收，将二氧化碳排出来。疲劳出现时间的快慢，主要取决于是否具备充分的肺部换气量，是否具备正确的呼吸动作。有氧健身跑进行过程中应该尽量用鼻子呼吸，如果呼吸深急的情况出现，也可以利用口部对呼吸进行协助。有氧健身跑的呼吸应该深而慢，具备一定的节奏，通常是每两步呼一次，每两步吸一次，还可以是每三步呼一次，每三步吸一次。如果有氧健身跑的速度不断加快，那么就应该不断加深呼吸深度，加快节奏，使自身的氧气需要得到满足。如果练习者开展的是较大强度的有氧健身跑练习活动，

那么呼吸的频率就会很快地增加，刚刚开始开展练习的人一般会出现呼吸困难的感觉，如果想要对呼吸困难现象的出现进行预防，首先，就需要对运动强度与负荷量适当安排。应该量力而行，根据具体情况出发。其次，对于呼吸的动作也要给予一定的重视，对呼吸的节奏进行调整，对呼吸的深度进行加大。

（三）有氧健身跑的方式

1. 有氧健身跑的慢速放松跑

在有氧健身跑中，相对比较简单的就是慢速放松跑，练习者可以按照自身的体质情况来确定慢的程度。放松全身的肌肉，自然摆动双臂，保持轻快的步伐。在有氧健身跑开始练习的时候，对呼吸的节奏要注意，保证缓、伸、细、长。一般来讲，有氧健身跑的最佳锻炼时间应该在每天20～30分钟，每周5次到6次，当然如果每隔一天开展一次也是可以的。

2. 有氧健身跑的变速跑

有氧健身跑的变速跑，就是一种有氧健身跑进行时慢跑与快跑互相结合，交替进行的跑步方式，此种方法对于具有较高体质的锻炼者而言是比较合适的。在开展变速跑的有氧健身跑的时候，练习者可以按照自身的身体状况对速度进行随时改变。例如，练习者可以交替地进行快速跑与慢速跑，或者是交替地进行快速跑或中速跑等。如果练习者的锻炼水平不断地提升，那么就可以对运动量进行逐渐地增大，将有氧健身跑的作用最大限度地发挥出来。

3. 有氧健身跑的跑走交替

有氧健身跑走、跑交替进行的方式对于身体素质较弱、刚开始进行练习的人而言是比较有效的。如果练习者能够坚持有氧健身跑走跑交替的方式进行锻炼的情况下，那么其就能够达到15分钟的跑步时间，如果继续坚持下去，那么就能够连续跑步几公里了。

对于有氧健身跑走跑交替的锻炼方式而言，可以做出其他的一些改变，例如，在走跑交替中能够将跑跳交替练习加入在里面，也就是说跑步一段时间以后可以进行3次到5次的跳跃，再进行一段距离的跑步以后，跳跃3～5次。如果按照这样的方式，就能够使练习者由于长时间墨守成规练习而不断活动的肌肉关节得到一定的调整，同时能够使练习者的疲劳得到缓解，使其弹跳力得到锻炼，还能够使练习者的跑步乐趣得到增加。

4.有氧健身跑的跑楼梯

有氧健身跑的跑楼梯作为一种健身健美运动项目，具有显著的时尚性特征。查阅相关的医学论证可以得知，跑楼梯不仅是一项能够使练习者心肺功能得到增强的，需要全身参与的有氧运动，同时还是一项不受性别限制、年龄限制的体育锻炼方法，此外，练习者不需要花费任何投资，且能够对运动量灵活地进行掌握，正是由于其特殊优势的存在，使有氧健身跑的跑楼梯成为日常生活中的一项减肥去脂的全新健身招数。在有氧健身跑跑楼梯开展的过程中，需要不间歇地进行颈部、背部、腰部和肢体等部位活动，同时，还要有节奏地放松、收缩肌肉，如此一来能够使肺活量得到增加，促进血流量的加速，使练习者的身体代谢得到改善，心肺功能得到增强。

5.有氧健身跑的越野跑

有氧健身跑的越野跑，主要指的是健身跑锻炼活动在森林、山地、田野或者是公路等户外进行的情况。有氧健身跑的越野跑能够促进自然与运动锻炼紧密联系在一起，因此，有氧健身跑的越野跑具有十分显著的健身效果。

三、游泳

游泳运动可以平衡身体肌肉状态，增强机体耐寒能力。同时，在游泳过程中，身体心脏功能会得到有效锻炼，对促进体内新陈代谢能力有良好的作用。由于它的运动量和运动强度不大，便于控制，所以对身体瘦弱、慢性病患者和运动损伤是一种有效的医疗手段。

游泳运动是我国奥运夺金的重要发展项目，拥有34个比赛项目，仅次于田径大项。游泳运动也是进行国际文化交流、增进与各国人民的相互了解和友谊的有效手段。加速提高运动技术水平，对促进我国走向体育强国具有重要的意义。

（一）熟悉水性

对于初学游泳者来说，首先应该了解并熟悉水性，这是后续参与游泳运动的重要保证。了解熟悉水性，是指让初学游泳者对水的特性有大致的体会，解决畏惧入水游泳心理。此外，掌握必要的游泳动作，如憋气、换气等，同样是为做好游泳姿势奠定坚实基础。在熟悉水性教学时，宜在浅水区域内进行。

1. 水中行走和跳动练习

让初学游泳者在水中行走和跳动，是为了更好地熟悉并掌握浮力、压力和阻力等特性，初步达到在水中维持身体平衡的目的。

练习方法与步骤：

扶池边向前、向后、向两边行走。

集体手拉手，向前、向后、向两侧行走。

用两手保持平衡，做变换方向的行走。

各种方向地走、跑、转身、跃起、下沉等。

手拉手成圆圈，然后做简单的走和跳舞动作。

2. 水中睁眼和呼吸练习

目的是初步掌握游泳的呼吸方法、呼吸过程、呼吸节奏，适应头浸入水的刺激，消除怕水心理。

练习方法与步骤：

先在岸上调节呼吸，保持深呼吸或憋气状态，然后在转到低头吐气或抬头吸气。

缓慢入水，张嘴吸气后闭气，同时要慢慢下蹲身体，直到头完全潜入水中，然后再缓慢睁开眼睛，待停留几秒钟后站立，当口鼻露出水面之后，依次呼气吸气。

同上练习，要求头浸入水中停留片刻后，用鼻慢慢将气呼完，然后起立在水面上用口吸气

同上练习，要求头浸入水中并保持轻微闭气状态，然后再用口鼻吸气，在身体缓慢站立过程中增加呼气量，当嘴巴接近水面时要适当提高呼气频率，并做出吹水动作。之后，保持嘴巴在水面上的快速深呼吸。多次重复练习。

两脚左右开立；上体前俯将脸浸入水中，做同步练习。但不同的是随头逐渐向前向上抬（或向侧转）时开始加大呼气量。

配合叫喊声在水中吐气，出水面吸气。

一人把手放在水中，另一人蹲在水中，看同伴伸几个指头。呼吸是游泳教学的难点，呼吸练习应贯穿于教学的始终。

教学时需要注意的有三点：

第一，之所以要将头浸入水中并增加闭气时间，是因为这有益于浮体练习和滑行练习。游泳教学人员需要指导初学者头部浸水动作。如果泳池水面干净清晰，可用水中看物、寻物和两人用手指对数等游戏方法加以引导。并要求学生头出水面时，不要养成用手抹脸的习惯，头出入水应从容不迫。

第二，初学游泳者可以先从捏鼻或带鼻夹练起，以实现用口吸气的要求。作为游泳教学人员，应该帮助学生形成正确的呼气方法，使学生理解呼气与吸气之间存在的关系，如可采用"水面吹乒乓球"，再过渡到"水中吹气泡"的方法解决。在呼气与吸气转换时，应该保持紧密衔接性，不要稍加停顿，这样会导致氧气难以吸入。可采用站立深吸气后闭气片刻，微张口让胸部放松自然排气，并顺势加速呼吸，当尚有一点余气时，即快而深地用口吸气解决。

第三，要做到连续换 15 次气。避免"假换气、实憋气"的现象。

3. 浮体与站立练习

初学游泳者在练习浮体和站立动作过程中，可以很好地体会水中的浮力，找到在水中平衡身体的感觉，为实现水上直体漂浮做准备。

练习方法与步骤：

（1）抱膝浮体练习

要保持身体在原地站立不动，依次做深吸气和闭气动作，然后缓慢下蹲低头并抱膝团身，之后使用脚掌轻微下蹬池底，使身体背部露出水面，并保持自然漂浮状态。在练习站立动作时，双手离开膝盖，同时双臂向前伸做下压按水动作，目的是能够抬头。在此过程中，还应使双腿向下伸，这样才能使双脚触碰池底，实现站立。最后，要用双臂向两侧做拨水动作，维持身体平衡。

（2）展体浮体练习

要在前期抱膝浮体的基础上，依次做闭气和松手动作，使双臂双腿保持自然伸直和并拢状态，即身体应在水中呈现流线型。如果是要呈现站立姿势，那么就要依次做收腹、屈膝、收腿动作，此时双臂应下压，双腿下伸，保持抬头，双脚触碰池底。

4. 滑行与简单动作练习

在前期动作练习的基础上，更好地体会水中的浮力，掌握水中平衡和滑行姿势技巧。

练习方法与步骤：

（1）拖拉滑行练习

练习者两臂并拢前伸，搭在帮助者伸开的手臂上，深吸气后，低头入水，同时，两腿蹬离池底，并拢伸直，利用帮助者的拖拉体会滑行。

（2）蹬池底滑行练习

双脚依次前后站立，双臂向前伸直，此时双手应保持并拢状态。大口深呼吸氧气，然后膝盖稍微弯屈，将身体重心向前移。当头和肩完全浸入水中时，前后脚掌要轻微下蹬池底，然后再将两腿并拢伸直，以流线型姿势向前做滑行动作。

（3）蹬池壁滑行练习

身体背对池壁，用左手（或右手）拉住池槽边，同时右手臂（或左手臂）向前拉伸。此时，双脚保持分开，左脚（或右脚）站立，右脚（或左脚）紧紧贴在池壁一侧，深吸气后再低头。要注意，身体上半部分应该在水中前倾，即保持俯卧姿势，然后用手支撑腿，两脚需紧贴池壁，并使臀部向池壁一侧靠近。与此同时，双臂应该向前伸呈并拢姿势，将头夹在双臂之间，两脚要同时发力做蹬壁动作，以流线型姿势向前滑行。

（二）蛙泳

1. 蛙泳技术动作

（1）身体姿势

身体必须保持较好的流线型姿势，充分发挥手臂和腿的推进作用。当完成臂和腿的有效动作后，身体几乎是水平地俯卧在水面上滑行。此时，两臂向前伸直，稍低头，脸的下部浸入水中，两腿向后伸直，腹部稍收紧，两眼俯视前下方，身体纵轴与水平成5°～10°角。吸气时，下颏露出水面，肩部升起，这时身体与水平面的角度较大。吸气后，头随着手的前伸和肩胸下降而没入水中，这样既减少头露出在水面上受到波浪的阻力，又可以使身体随着波浪起伏的惯性，起着躯干压浪前滑的作用。

（2）腿部动作

蛙泳腿部动作是推动身体前进的主要动力，其技术有宽蹬和窄蹬两种。腿部动作是由滑行、收腿、翻脚和蹬腿四个阶段组成。

①滑行：受惯性影响身体向前滑行时，两腿需保持并拢，同时要向后伸直，使身体整体处于水平姿势。另外，还要保持下肢呈放松状态，借助腿部肌肉力量做适当收缩运动，脚跟要略微提出水面，这样方便收腿。

②收腿：收腿时，两腿稍微内旋，使脚跟分开，脚跟向臀部靠拢，两膝逐渐自然分开，力量要小，放松自然地边收边分。双脚以及小腿向内回收时，需要以大腿投影截面为参考标准，这样可以减少双脚以及小腿回收时的阻力。在完成收腿动作后，两侧大腿和躯干应保持在130°～140°范围内，使两膝内侧与髋关节保持同宽。

③翻脚：当即将完成收腿动作时，双脚需保持向臀部靠拢的状态，膝关节稍微向里扣，双脚向外侧做翻开动作，双脚脚尖跟随双脚完成同样动作。要注意，脚掌和小腿内侧需要对着蹬水方向，这样可以加大对水面积，使大腿能够有效发挥力量。

④蹬腿：蹬腿时，蹬水方向向后，借助髋部发力，进而带动膝关节和踝关节呈伸直姿势。此时，应该利用小腿内侧和脚掌内侧对水，推动身体向前。在蹬水翻脚过程中，大腿内旋会使膝关节内压，从而带动小腿和脚向后蹬水，产生鞭状打水动作。

（3）臂部动作

双臂划水时，会形成较大的对水面，双臂的还原动作阻力就会相对减小，有助于保证游泳效果。对初学游泳者来说，需要掌握好臂部划分动作要领，具体包括滑行、抓水、划水、收手和伸臂这五个连续动作。

①滑行：滑行时，双臂保持向前自然伸直，掌心朝下，手指呈并拢状态。双手应该向水面靠近，使身体保持流线型姿势，稳定身体平衡。

②抓水：先从手臂前身姿势做起，将手臂重心前移，此时双手臂上臂应紧随其内旋，使掌心向外侧斜，略微勾手腕。两手分开并向侧斜方压水，直到手掌和前臂能感到水面压力时，再做划水动作。抓水是划水的必要前提，可以为身体上浮和前进提供帮助。

③划水：保持向后偏外下方的划水路线，与前进方向大致保持80°。在做划水动作时，身体肩部需向前伸展，肘部抬高。在划水动作过程中，应该是肘部高于手部并且在肩部前方，用手带动前臂和上臂做后划水姿势，注意肘关节的角度

应是 120°～130°。通常来看，划水是用手掌完成加速内拨的，在手掌带动前臂内收超过垂直部位后，开始降低肘关节角度，将掌心由外后依次转向内后，通过急促拨水结束此次划水动作。

④收手：划水阶段后便进入收手过程，此时会形成较大的推进力和上升力。收手动作需要使手掌收缩至头的前下方，手掌收缩顺序应为由内向上，当双手掌相对时，掌心要向下并拢并向前伸。应注意的是，收手动作要为完成快速前伸手动作提供方便。做收手动作时，还需注意手的敏捷性和圆滑力度，待收手动作将要完成时，将肘关节高度降至手下侧，使大小手臂呈锐角姿势。

⑤伸臂：伸直肘关节和肩关节，是完成伸臂动作的关键所在。此时，掌心应该朝下并向前伸。通过分析现代蛙泳伸臂技术特点可知，快速伸臂是为了有效配合完成腿部动作。应该注意的是，伸臂时肩部须前伸，不要出现动作停顿。

（4）呼吸和腿、臂动作的完整配合

蛙泳呼吸动作需要和手臂划水动作密切配合，在做蛙泳动作时，需要用嘴巴吸气，用嘴巴或鼻腔呼气。目前较为常见的蛙泳呼吸技术有两类：早吸气和晚吸气。当蛙泳人员开始利用双臂划水时，头部和嘴部就会相应露出水面，由呼气转为迅速深吸气，然后再配合伸臂完成低头闭气，当双臂准备下滑时便做呼气动作，这就是早吸气。而晚吸气是指，在配合手臂划水过程中，头部和肩部上升并完成吸气动作。蛙泳呼吸动作中的腿臂配合技术，具体是指：当手臂划水时，腿部保持自然伸直状态；当手臂向内侧划水的同时，腿部要回收；当手臂即将伸直时便准备蹬夹腿。

2.蛙泳的练习方法和步骤

（1）陆上模仿练习

①坐在岸上或池边，上体稍后仰，两手后撑，按口令做蛙泳的腿部动作练习，开始分四拍做，体会收、翻、蹬夹、停的动作，再过渡到两拍，最后是一拍的完整练习，注意翻脚动作。

②俯卧在凳上或出发台上，做蛙泳腿的模仿练习：先由同伴帮助自己被动地做；再由自己主动做，同伴控制动作；最后由自己独立做。先做分解动作练习，逐渐过渡到完整动作练习。注意收腿角度、动作路线和节奏。

（2）水中练习

①一手抓池槽，一手反撑池壁呈俯卧姿势，由同伴帮助做同步练习。内容重点：体会翻脚和弧形蹬夹水动作。

②两手扶浮板中后部，两臂前伸直。由同伴帮助做同步练习。注意边收边分，翻脚要及时，蹬夹要连贯，用力要恰当。

③扶板蹬腿练习，逐渐加长游距，改进和提高腿的动作。注意动作节奏和放松（特别是踝关节放松）。

（三）仰泳

仰泳是身体呈仰卧姿势的游泳，它包括反蛙泳和爬式仰泳，其速度仅次于爬泳和蝶泳。

1. 身体姿势

身体平直仰卧水中，自然伸展，头肩略高于臀，腰和腿保持水平部位，后脑浸入水中，水位在两耳际附近。身体纵轴与水平面构成一个小迎角。颈部肌肉放松，脸部露出水面，眼看后上方。

2. 腿部动作

腿部动作是保证身体水平姿势和维持身体平衡的主要因素，正确的踢水动作能产生较大的推进力。两腿的动作是：以髋关节为轴，大腿发力，带动小腿和脚，形成鞭打有力向后踢水动作。

3. 臂部动作

臂部动作是产生推进力的主要因素。臂的一个动作周期可分为入水、抱水、划水、出水、空中移臂五个阶段。

入水：借助移臂的惯性，臂部自然伸直，小指领先入水，入水点在身体纵轴延长线与肩的延长线之间，或肩的外长线上。其顺序是：上臂先入水，再前臂和手几乎同时入水，入水动作自然、放松。不要用手拍击水面，以避免带入气泡。

抱水：手臂入水后，臂下滑到一定深度时，直臂向内，探水处积极抓水，并转腕和肩，带内旋，同时开始屈臂，使整个臂处于最有利的划水部位。完成抱水动作时，臂与身体纵轴构成约40°角，肘关节开始弯曲，手掌距水面约30厘米。

划水：划水动作是推进身体前进的主要动力。动作包括拉水和推水两个部分。整个动作是由屈臂抱水开始，以肩为中心，划至大腿侧下方为止。整个划水手掌走的路线从侧面看是先向下，再向上，再向下，成"S"形。拉水是在臂前伸抓水的基础上开始，前臂内旋时下降并屈成150°角左右，手掌向后上方拉水。随着划水力量的加强，肘关节逐渐弯曲。当划至肩的垂直截面时，手掌离水面15厘米左右，上臂与前臂形成90°～110°角。

出水：借助手臂内旋下压推压水的反作用力和三角肌的收缩力，手臂自然出水。出水动作是臂先压水后提肩，由肩带动上臂、前臂和手依次出水。

空中移臂：提臂出水后，手臂应迅速沿着肩的垂直面向肩前移动，手臂要自然、放松、伸直。移臂的后段，肩关节要充分伸展，手垂直向头后移臂，速度要快。

4.两臂配合

当一臂划水结束，另一臂已入水并开始划水；一臂处于移臂一半，另一臂处于划水的中部，两臂几乎处在完全相反的位置。

第三节 塑身运动训练方法

一、塑身运动基本知识

（一）塑身运动的内涵

塑身运动是以身体练习为基本手段，运用专门的动作方式和方法进行锻炼，以塑造体形、培养姿态、改善气质、增进健康为目的的一项新兴体育项目。塑身运动以塑造优美形体为主要特点。形体美的内容很广泛，它包括体形美、姿态美、动作美和气质美。形体美的方法也很多，它包括形体训练、健美运动、健美操、体育舞蹈、瑜伽等。

塑身运动以"健康、力量、美丽"为目标，是人类追求的身体状况的最高境界。在塑身运动中，无论是形体训练还是健美运动，无不处处表现出"健、力、美"的特征。随着现代物质文明的不断提高，人们修饰与塑造自己愿望的意识不断深入，花钱买健康的观念不断提高，塑身运动在我国越来越受到欢迎和普及，广受推崇，已成为走在生活时尚前沿的最佳运动项目，成为青少年特别是现代职业女性追求的目标。

（二）形体美

塑身运动以塑造优美的形体为主要特点。经常参与塑身运动，有助于调节和锻炼人体主要组织和器官，实现强身健体的目标。另外，在塑身运动训练过程中，人体系统功能可以得到一定程度的改善。尤其对肌肉代谢的影响十分明显，锻炼可使肌纤维增粗、体积增大，改变身体各部分的围度比例，增强肌肉力量。另外，还能祛除体脂，达到减肥的目的。

从生理的角度来看，人体的内部平衡是由身体的机能器官控制的。塑身运动能够帮助人体更好地调节各部分功能，使肌体正常健康地运转。

女性的形体美是通过胸部、腰部、臀部和腿部的和谐曲线来体现的。现代女性的形体美具有全身匀称和清晰的肌肉线条。塑身运动恰是用锻炼肌肉、调节身体各部分围度来改变肢体、胸部、腹部及腿部肌肉的，锻炼使胸廓充分发育，减少腹部和腿部过多的脂肪堆积。如臂细而无力，锻炼臂肌可使臂部肌力增强，围度加大。由此可见，根据自身体型缺陷，有针对性地锻炼，便能塑造出女性健美体型和优美体态。

二、瑜伽

瑜伽（"Yoga"的音译），最早起源于古印度。在古印度六大哲学派别中，瑜伽以探寻"梵我合一"的道理与方法为主要方向。随着瑜伽运动的发展，利用瑜伽健身，并实现心灵、肉体和精神的和谐统一，则成为现代人的主要追求。瑜伽是指个体与更宏大的某种事物之间的合一，也可称为具有灵性的存在。

（一）瑜伽的基本功能

1. 促进血液循环

瑜伽运动有助于推动人体内血液循环的流动，经常性地参与瑜伽运动锻炼，可以有效排解体内残存的毒素，改善深呼吸和调节心脏律动，加速血液循环流动。同时，瑜伽运动可以使身体各部位得到按摩。定期参与瑜伽练习，可以刺激体内排泄器官，排出体内毒素。

2. 增强体力和灵活度，释放压力

瑜伽姿势动作由来已久，它能够延展强化肢体的结缔组织。无论个人身体是否柔软、僵硬，是否虚弱、强壮，经常性地练习瑜伽姿势动作，可以改善和调节身体素养和心智水平，形成良好的体格。定期参与瑜伽姿势动作练习，是实现身体和心灵和谐统一的过程，建立良好的免疫系统，并排出体内残存的毒素。另外，参与瑜伽姿势练习的过程，也是身心得到安逸疏解的过程，产生一种平和的心态，享受瑜伽练习带来的乐趣。

3. 塑性功能

瑜伽可以调节或矫正人体坐姿，减少或避免颈椎病、腰椎病等身体疾病的发生。参与瑜伽练习，可以有效平衡关节、脊柱、肌肉、韧带和血管状态，使个人能够获得更加柔韧、平衡和灵活的身体姿势。

（二）瑜伽的调息法

1. 瑜伽呼吸法

瑜伽练习之初，需要先认识呼吸的重要性并掌握正确的呼吸方式。呼吸通常有四种方式：胸式呼吸、腹式呼吸、完全（瑜伽）呼吸、喉呼吸。

（1）胸式呼吸

采用仰卧式胸式呼吸练习瑜伽，要将右手轻放在肋骨上，但在深吸气过程中，避免出现腹部扩张现象，将深吸的空气直接吸入胸部。胸式呼吸主要以胸部扩张为主，而不是让腹部扩张。腹部内收的程度与深吸气的力度有关，腹部会向脊柱方向内收，肋骨则是向外和向上扩张。

（2）腹式呼吸

采用仰卧式腹式呼吸练习瑜伽，要将右手轻放在肚脐上。但要注意的是，吸气过程中，空气是直接进入腹部的。正确吸气，手臂会跟随腹部向上抬起，吸气力度越大，腹部就会抬得越高。在腹部抬起过程中，横膈会逐渐下降，此时就要做呼气动作，腹部须朝向脊柱一侧内收，完成收缩腹部动作，就会将空气从肺部呼出来，这时横膈就会升起。

（3）完全（瑜伽）呼吸

采用仰卧式练习瑜伽呼吸，要将左手放在肋骨上，右手则放在肚脐附近。此时，要缓慢地吸气，目的是让空气从肺的下部进入，然后再抬高肚子，将空气输送至肺的中部和肺的上部。接着要缓慢扩张锁骨，目的是要吸入最后一点空气。之后便是缓慢地呼气，先是让肺的上部呈自然放松状态，紧接着再放松肺的中部，最后是放松腹部。此时，要适当收缩腹部的肌肉，以便于将空气全部呼出。依次交替做吸气和呼气动作。完全（瑜伽）呼吸过程应是没有停顿的，并且呈现轻柔的状态。就好想波浪贯穿整个呼吸过程一样，从腹部缓慢柔和的通过胸膛中部再通过胸膛上半部，直至减弱消失。因此，完全呼吸方法是将胸式呼吸和腹式呼吸结合起来运用的，要先熟练掌握腹式呼吸方法，然后再练习完全呼吸。

（4）喉呼吸

喉呼吸需要借助两个鼻孔来完成，但在收缩喉头声门过程中，会出现轻微的响声，常见的是吸气时的"萨"的声音和呼气时的"哈"的声音，这两种声音类似于婴儿熟睡时发出的轻微鼾声。很多瑜伽练习者会使用喉部呼吸法，这是因为该方法不受调息功法深浅的限制，使用起来简单。在练习喉呼吸时，练习者可以将舌头上翘或后翘，用舌头底部来顶住上颚后部以保持呼吸匀畅，但在练习喉部呼吸时，要尽量保持深呼吸动作。

2.瑜伽调息法

吸气和呼气是接连交替进行的，呼气和吸气之间会有自然的停顿。而瑜伽调息法，就是对呼吸过程中产生的自然停顿的冥想。瑜伽调息既有保持身体健康的目的，也有维持精神状态的目的。在练习瑜伽的人看来，人体疾病之所以会存在，是因为人体内的生命之气流通不畅，而通过练习"吸纳"（吸气）、"呼吐"（呼气）、"悬息"（屏气），可以有效调节体内生命之气的运行，进而使经络系统中的生命之气保持顺畅。常见的瑜伽调息法主要有以下五种：

（1）风箱调息

分两个阶段进行练习。第一阶段：以一种舒适的瑜伽坐姿打坐（至善坐式或其他坐姿），右手示指和中指放在前额中央，大拇指放在右鼻孔旁，无名指放在左鼻孔旁；大拇指按住右鼻孔，做快速腹式呼吸10次；左鼻孔深吸气，再关闭两鼻孔，做收颌收束法和会阴收束法，或两者做其一，悬息1~3秒；稳定地用两鼻孔同时呼气（喉呼吸法），换右鼻孔同样练习，这样算完成一个回合练习；做2个回合。

第二阶段：按原先姿势打坐，两手平放两膝上，两鼻孔同时快速呼吸 10 次；深呼吸，吸气后，悬息 1~5 秒，同时，做手颌收束法和会阴收束法，或者只做其中一种；呼气抬头，这是一个回合；做 3 个回合；仰卧式，放松休息 1 分钟。

（2）圣光调息

以一种舒适的瑜伽坐姿打坐，闭上双眼；像风箱调息那样做腹式呼吸，不同的是，使劲做呼的过程，让吸气慢慢自发地进行；每次呼气后，做短暂悬息，同时做收颌收束法、收腹收束法和会阴收束法，意守眉心。以舒适为限，然后解除三重收束法，慢慢吸气；呼气 25 次后，做最后一次呼气时，尽量呼出肺部空气；重复练习 2 个回合。

（3）昏眩调息

至善坐式，闭上双眼；缓慢而深长吸气；悬息 1~3 秒，同时做收颌收束法，缓慢而彻底地呼气；吸气，抬头；重复练习 2~3 次。

（4）清凉调息

至善坐式，张开嘴，舌头伸出，卷成一条管子，缓慢而深长吸气，吸满空气后，闭上嘴巴；低头，悬息 1~5 秒，同时做收颌收束法；抬头，呼气。

（5）经络调息

分两个阶段进行练习。

第一阶段：单鼻孔呼吸，至善坐式，右手示指中指放在前额中间，大拇指放在右鼻孔旁，无名指放在左鼻孔旁；大拇指轻按右鼻孔，用左鼻孔呼吸 5 次；移开大拇指，无名指轻按左鼻孔，用右鼻孔呼吸 5 次；做 10 个回合。

第二阶段：双鼻孔呼吸，按原先打坐姿势坐好。大拇指轻按右鼻孔，左鼻孔吸气。无名指轻按左鼻孔，右鼻孔呼气；右鼻孔吸气，按住，左鼻孔呼气。第二回合，从左鼻孔吸气开始，如此循环下去做 10 个回合。

（三）瑜伽的基本体式

1. 站英雄式

保持双脚叉开站立，做吸气动作，手臂要从身体一侧向上抬至头顶上方；呼气时，右手手肘要保持弯曲，右手手掌落于肩胛骨之间；吸气时，左手要向后下方伸。呼气，双手在身体后侧相接触；吸气，抬头，眼睛看向前方。依次做三组呼气吸气动作。

2. 腰转动式

双脚向内叉开站立并保持与肩同宽，双手在身体前方保持十指相扣；然后做吸气动作，掌心向外翻转并做推掌动作，头部略微上抬，眼睛看向手背；之后做呼气动作，以髋关节为转折点，上身弯曲并向前伸，与地面保持平行；再做吸气动作，手掌要向前推，同时拉伸脊背；接着做呼气动作，身体开始向左侧做转动，但上身仍旧弯曲前伸并与地面保持平行；最后做吸气还原动作，但保持呼气动作不变，通过手臂带动身体向上还原，呼气动作过程中，双手在身体两侧保持放松（图5-3-1）。

图 5-3-1　腰转动式

3. 侧角伸展式

双脚打开两倍肩宽脚趾指向正前方，右脚打开90°，髋摆正，吸气，双手侧平举屈右膝，向下沉髋，呼气身体水平右侧弯，左手指间指向天花板，两臂成一条直线右手尽可能不用力，吸气腰部发力身体还原，直膝收脚，呼气手臂放松。完成反方向（图5-3-2）。

图 5-3-2　侧角伸展式

4. 风吹树式

双脚开立与肩同宽，双手体前十指相扣，吸气翻转掌心向上，呼气手臂带动向右侧弯，眼睛看向左上方，保持两组呼吸同时手臂继续推掌向上，吸气手臂带动还原，呼气向左侧，吸气还原，呼气手臂自两侧放松。

5. 加强侧伸展

双脚打开两倍肩宽两脚平行，右脚以脚跟为轴向外打开90°，左脚以脚尖为轴向内转90°或70°，身体转向右侧，双手放于身后合掌翻转指尖向上，吸气抬头挺胸延展脊背，呼气以髋为折点上身向前向下，身体贴向右腿上方，吸气抬头下颌带动上体还原呼气解开双手放松。

6. 下犬式

双脚并拢站立吸气，手臂两侧向上头顶合十，呼气，以髋为折点上身向前向下，吸气双手放于双脚两侧或环抱小腿，吸气抬头增延脊柱，呼气上身下压，腹胸额依次贴靠双腿，吸气抬头增延脊柱，呼气头部放松，手臂放于双脚两侧。双脚依次向后方撤一大步双腿伸直，吸气尾骨向上提呼气脚跟向下踩实，双手向下按实垫子，背部延展。保持五组呼吸（图5-3-3）。

图 5-3-3 下犬式

7. 大拜式放松

接下犬式呼气曲双膝，膝盖脚背落垫，臀部坐在脚跟上，额头落垫，大拜式放松。

8. 猫式

双手双脚支撑在垫子上，吸气塌腰抬头，尾骨向上，头顶百会穴指向天花板，呼气弓背低头，尾骨内卷眼睛看向腹部，配合呼吸完成三组。

9. 猫伸展式

猫式进入大小腿保持 90°呼气腰部下沉双手向前伸出至胸部下颌依次落垫，保持三组呼吸。

10. 低弓箭步式

吸气右脚向前迈在双手之间，呼气后方膝盖脚背落垫，吸气双臂向上掌心相对，髋部下沉，保持三组呼吸，呼气手臂向下按实垫子，完成反方向。

11. 骆驼式

跪立双膝打开两拳的距离，吸气胸腔向上打开呼气收腹胸腔向上伸展，双手慢慢抓住脚跟，头部自然向下放松眼睛看向上方，双手向下推脚跟，腹部内收大腿与地面垂直，保持三组呼吸（图 5-3-4）。

图 5-3-4　骆驼式

12. 三角式

站立双脚打开两倍肩宽的距离，右脚向外打开 90°，双臂向两侧伸直，吸气右臂带动身体向右侧延伸，呼气右手向下落于右脚外侧，掌心朝外，左手指向天花板，眼睛看向左手指尖，保持三组呼吸，吸气左手带动身体还原，完成反方向。

13. 三角扭转伸展式

站立双脚打开两倍肩宽，右脚以脚跟为轴向外打开 90°，左脚以脚尖为轴向内转 90°或 70°，身体转向右侧，吸气双手两侧向上掌心相对，呼气上体向前向下左手放于右脚外侧转动胸腔右手臂向上伸直，扭转头部眼睛看向右手指尖，双脚内侧均匀向下压地，双腿肌肉向上收紧，髋部保持不动，保持三组呼吸，缓慢低头看向地面，呼气双手向前伸直，引领身体向上，呼气手臂还原，完成反方向。

（四）瑜伽的休息术

1. 休息术

瑜伽休息术包含三部分，分别是准备部分（瑜伽语音冥想）、基本部分（放松身体各部位和瑜伽场景冥想）和结束部分（充沛精力后起身放松）。瑜伽休息术通常会在白天练习时使用，这可以帮助瑜伽练习者减缓疲劳和恢复精力。瑜伽休息术练习时间短，主要以基本部分和结束部分为主，练习过程中应保持清醒状态。如果有人在练习时打起鼻鼾，弄醒的正确方法是按摩和揉擦其头顶（百会穴），这样人醒来就不会感到难受。如果鼾声不是非常响，那就别惊扰他们，顺其自然；也有些人刚开始时打鼾，但很快就不打了，不要匆忙制止，也应顺其自然。而在晚上练习瑜伽休息术，能够帮助瑜伽练习者放松身心，并使其以一种相对自然的方式进入睡眠状态。因此，休息术的时间因人而异，晚上练习相对于日间练习的时间长些，可以做三个部分的练习，如果做到基本部分，放松身体各个部位就睡着，那就更好。练习瑜伽休息术可以采用如下两种方法：一是读引导词法，即瑜伽练习者通过聆听读引导词人的话语做练习；二是自我引导法，即自己在心中默念瑜伽练习引导词做练习。通常情况下，第一种练习方法是第二种练习方法的必要条件。

2. 松弛法

（1）仰卧放松功

仰卧式，两腿分开与肩同宽，脚尖自然朝外，两臂放在身体两侧，掌心向上；双眼闭合，全身放松，自然呼吸；意守呼吸，每次吸气或呼气，都对自己说："我正在吸气或呼气。"

（2）俯卧放松功

俯卧式，两臂上举，掌心向下，双眼闭合，全身放松；意守呼吸，每次吸气或呼气，都对自己说："我正在吸气或呼气。"

（3）游戏式放松功

俯卧式，头右转，两臂上举，十指相交，置于头部下方，右腿弯屈，靠近胸部；转动两臂，左肘朝上，右肘放在右大腿上，头靠在左臂弯曲处；保持姿势；还原成俯卧；换左侧同样练习。

（4）仰卧伸展放松功

仰卧式，两腿稍分开，两臂上举，掌心向上，平放地上，双眼闭合，全身放松；吸气，右臂和身体右侧向上伸展；呼气，右臂和身体右侧还原；吸气，右腿向下伸展；呼气，右腿还原；换左边做同样练习。

（5）动物式放松功

长坐式，右腿屈膝，右脚抵住左大腿内侧；左腿后屈，左脚跟抵住臀部；吸气，两臂上举，掌心向前；呼气，上体前屈，前额触地，保持姿势；吸气，还原；换左边做同样练习。

（6）婴儿式放松功

跪坐式，两臂下垂，两手放在两脚旁，掌心向上，指尖向后；上体前屈，腹部胸部紧靠大腿，前额轻轻触地，两臂放松，保持姿势；还原成跪坐式。

（7）月亮式放松功

跪坐式，两臂上举，掌心向前；上体前屈，前额轻轻触地，保持姿势；还原成跪坐式。

（8）手抱膝放松功

仰卧式，两腿屈膝，大腿贴近胸部，两手十指交叉抱住双膝，双眼闭合，全身放松，保持姿势；还原成仰卧式。

（9）摇摆放松功

仰卧式，两腿屈膝，大腿靠近胸部；两手十指交叉至大腿下，抱住两腿；低头，让身体前后摇摆5次，顺势成蹲式。

（10）站立放松功

开立式，低头，下巴贴近锁骨，双眼半闭，两臂、两手和所有手指垂下；放松肩背、大腿、小腿肌肉，全身放松，保持姿势；抬头，还原成开立式。

综合而言，瑜伽体式练习注重的是对整体动作的综合练习，而辅以必要的音乐背景素材，则是为瑜伽练习者提供柔韧素质练习的情境，使瑜伽练习者保持一定的专注度。呼吸动作是瑜伽练习的关键所在，瑜伽练习者需要掌握呼吸技巧，以此降低拉伸带来的身体疼痛感。当瑜伽练习者身体柔韧素质得到提高时，其自信心也会随之增强。练习后的放松，可以帮助练习者快速恢复身体的疲劳。最后，只有长时间坚持柔韧练习，才能达到理想的柔韧效果。

三、健美操

（一）健美操概述

健美操来源于人类对健康美好生活的追求，健美操成为体操、舞蹈和音乐融合的产物。20 世纪 70 年代末至今，健美操在世界多个国家保持着较为旺盛的生命力，尤其以对美国的影响最为强烈。由美国人简·方达编写出版的《简·方达健身术》，里面包含着作者对健身经验的介绍，并向世界范围内的国家推广。从 1985 年开始，美国每年都会举办正式的健美操锦标赛，由此使健美操比赛项目和比赛规则得以确立，健美操也逐渐成为大众陶冶情操和塑造形体的渠道选择。1987 年 5 月，健美操比赛首次出现在我国北京，即"长城杯"健美操邀请赛。此后，我国同样会在每年举办全国健美操锦标赛。1992 年 2 月，北京成立了中国大学生体协健美操艺术体操分会，该协会每年都会举行面向大学生的健美操艺术体操赛。大学生体协健美操艺术体操比赛的举行，标志着我国健美操运动步入新的发展阶段。我国健美操规则与健美操项目的发展紧密相连，在 1987—1999 年，我国的健美操竞赛规则有两个系列：一是由原国家体委在 1987 年、1992 年、1966 年制定的《大学生健美操竞技规则》；二是 1999 年 1 月，我国健美操竞赛规则制定开始参考国际标准，并会邀请外国健美操竞赛规则专家来讲学。至此，我国正式统一执行由国际体操联合会制定的健美操规则。1999 年 6 月，在浙江萧山举行的全国健美操锦标赛，第一次采用国际体操联合会制定的健美操规则，这成为我国健美操规则发展的重要里程碑。2001 年我国开始执行《国际体操联合会 2001—2004 年健美操竞赛规则》，目前仍在使用。2004 年 6 月 12 日，我国健美操队参加了在保加利亚举行的第 8 届世界健美操锦标赛，获得男子团体第 3 名的好成绩，这是我国健美操健儿历年来参加世界健美操锦标赛的最好成绩，是一次历史性的突破。

（二）健美操特点

1. 健身美体的实效性

健美操是包括多种训练内容的综合性的体育活动，是以人体解剖学、运动心理学和体育美学等多种学科的理论为指导，以达到健身、健美和健心之功效的运动。由此可知，健美操动作内容更具丰富特征。健美操有一套完整的动作流程规范，涉及身体各个部位。相对于基本体操而言，健美操可以有效锻炼人体各关节的灵活程度，这是由于健美操在吸收徒手体操基础动作的同时，还对其进行适当地艺术加工。同时，健美操还对舞蹈、武术等艺术性较强的动作进行借鉴改编，发展成为具有健美运动风格的动作。综合来看，健美操单个动作具有较强的针对性，整套流程具有一定的运动负荷，可以有效帮助锻炼者实现健身美体的目标。

2. 鲜明的节奏感和韵律感

健美操音乐不仅是一种节奏，而且还具有欣赏价值。与艺术体操相比，健美操更强调动作的力度，因此它的音乐节奏鲜明强劲，风格热情奔放。健美操音乐多取材于迪斯科、爵士和摇滚等现代音乐和符合上述特点的民族乐曲。

3. 广泛的群众性和科学的针对性

健美操是时代的产物，它给人们带来热情奔放的情感体验，符合现代人追求生活质量和自娱自乐的需要，因此深受广大群众的喜爱。同时，由于健美操的运动负荷和难度可以自行选择，所以，适合于不同人群参加锻炼。

（三）健美操锻炼价值

1. 增进健康美

健美操是通过它特有的动作内容和方法来实现健康美这一目标的。

2. 塑造形体美

形体美是由身高、体重和人体各部分的长度、围度及比例所决定的，由于健美操动作是根据人体解剖结构进行创编的，练习者可根据自身的条件，有选择性地进行练习，塑造自己理想的形体。健美操强调动作的姿态和幅度，通过训练能矫正不正确的姿势，培养优美端庄的体态。

3. 提高身体素质

健美操运动是一项对人体有全面影响的身体练习，能使身体各部分肌肉得到发展。经常参加该项运动可使肌肉、韧带的弹性得以提高，从而发展人体的柔韧素质，特别是可以提高耐力素质。因此，健美操锻炼对全面提高身体素质有着特殊的作用。

4. 培养协调性

健美操运动可以协调人体各部分的肌肉群，使人体匀称和谐发展，塑造美的形体。

5. 陶冶情操

健美操是在音乐的伴奏下，融合体育、舞蹈和音乐之美为一体，体现了人体、音乐、动作、造型和动态的美，具有丰富的美学内涵。通过健美操练习，能培养正确的审美观和健康的审美情趣，发展审美意识，提高审美能力。

6. 终身体育

健美操的练习方式丰富多样，内容新颖、独特，具有时代性，符合年轻人的生理和心理特征，因此能引发练习者的兴趣。经常性地进行健美操锻炼，在养成锻炼身体的习惯和培养体育健身意识的同时，为终身体育打下良好的基础。

（四）健美操的教学方法

健美操教学方法主要是从学校健美操教学角度来分析的，高校健美操教师通常会利用具有针对性的教学方法，完成健美操教学任务，并有效提高健美操课程教学质量。教学内容、任务与学生学习特点，是影响教学方法制定的主要因素。常见的健美操教学方法主要有以下几种：

1. 领跳法

领跳法也就是带操，由教师在前面带领，学生跟着做，常用于每堂课的热身练习和准备活动。采用对称动作设计，内容简单易学，使学生在练习过程中能很快掌握，达到预期的教学目的。运用这一教法应注意以下几点：

第一，镜面示范与背面示范相结合。镜面示范是使学生看清手臂动作的细节和用力顺序；背面示范是使学生在身体部位、动作方向、动作路线和身体姿态等方面，建立正确的动作概念和肌肉感觉。

第二，要用激发性的正确语言进行提示并配合手势动作，调动学生的练习情绪，同时养成学生眼看、耳听和脑记的好习惯。

第三，教师示范要正确优美，具有感染力。

2. 完整法与分解法

完整法适用于健美操整节或整套动作教学，分解法则适用于将健美操复杂动作拆分讲解教学。例如，当涉及较为复杂的健美操动作时，教师会先从示范健美操动作入手，然后依次讲解各个拆解动作的练习要领，最后将各拆解动作加以组合，形成一套完整的练习流程。完整法与分解法结合运用，可以帮助学生更加快速地熟悉健美操动作，但教师在教学时需要注意以下几点：

第一，在分解并向学生示范健美操动作过程中，教师应采用背面示范，同时放慢示范速度，保持动作示范的规范性，符合健美操运动风格，为学生树立正确的练习意识。

第二，分解健美操练习动作时，教师可以从示范下肢动作入手，依次从下肢动作教学过渡至上肢动作教学，最后再配合手部完成练习。

第三，如果健美操动作较为简单，那么就可以以完整法为主，要求学生从中模仿练习。

第四，学习复杂动作时，采用分解练习法，可先做腿部动作，再做手臂动作。

第五，较为复杂的动作，放慢动作速度，还可采用静止姿势，以体会动作的做法，加强学生的本体感受，建立正确的动作概念。

3. 激情法

任何一门课程教学，都需要尝试激起学生学习兴趣，健美操课程教学同样如此。激情法是有效激发学生学习健美操课程的方法，其具体可分为两种。

（1）音乐激情法

顾名思义，就是通过导入音乐激发学生好奇心理。优美、动听和节奏强劲的音乐，总能引起学生学习欲望，教师可以配合音乐风格教学，进而为健美操动作教学做准备。

（2）动作激情法

简单来说，就是在健美操动作教学中融入音乐片段，通过为学生示范正确的健美操全套动作，激发学生学习健美操的热情，从中感悟健美操运动带来的美感，有效提高健美操教学质量。

4.分段练习法

分段练习法和分解法类似，都是将健美操全套动作流程加以分解，要求学生逐步练习每个小段中的单个动作。分段练习重在培养学生对健美操动作的印象，教师可以配合口令进行动作教学，这样可以有效规范学生的基础动作，同时提高健美操课程教学效率和质量。

第六章 体育教学与运动训练模式

本章主要内容为体育教学与运动训练模式，立足于体育教学与训练的概念，对它们之间的不同和联系展开论述，试图构建一种"体教结合"的高校体育教学模式。

第一节 体育教学与运动训练的协调发展

我国教育事业的改革发展必然会推动高等院校教育事业的改革与创新，人们也越来越关注体育学科教学。体育学科能够增强学生的体魄，提升学生的综合素质，因此，对体育学科进行改革有着十分重要的意义。体育教学与运动训练相互融合，是一条正确的改革道路，但是通过分析实际的发展情况，我们会发现，体育学科教学与运动训练的融合并没有取得理想的效果。部分教师指出，只要平时的体育教学正常开展，学生的体魄就能得到锻炼，提升学生的身体素质，帮助学生养成始终参加体育锻炼的习惯，进而实现教学目标；另外，一些高校则指出体育竞技不是普通学生的任务，而是运动员的任务；但是也有一些高校持相反的意见，这些高校认为比拼和竞技是体育运动的固有特征，通过体育竞技能够激发人们追求更强、更快、更高的体育目标，这就要求高校重视体育的竞技性，为学生参与体育活动提供更多的机会，培养学生的竞争精神，强身健体只是顺带的功能。本书深入探讨"运动训练与体育教学的协调发展"能够提供相应的参考价值。

一、体育教学与运动训练

（一）体育教学和运动训练的概念

体育教学涉及教师和学生两个主体，需要将学生的"学"与教师的"教"结合起来。一般来说，体育教学可以理解为在教师有目的、有计划地指导下，学生积极参与体育运动，学习体育和卫生方面的保健基础知识，掌握体育锻炼的技术和基本的技能，进而强身健体，提升自身的综合素质，使学生掌握一定的运动能力，使学生自身的道德素质得到进一步培养的教学过程。为了实现一定的体育目标，学校开展体育教学是非常必要且重要的事情。通常情况下，学校通过两种基本形式进行体育教学，一种基本形式是体育理论知识的教学，另一种基本形式是体育技术、技能的实践课教学。在后期的教学实践中，学校应以体育技术、技能实践课教学为主。

运动训练主要指的是在教练员的指导下，运动员积极投身于体育锻炼，不断提升运动员的身体素质，帮助运动员取得一定的运动成绩的有组织的一种教育过程。运动训练是一种专门组织的教育过程，教练员要充分分析运动员的具体情况，了解运动员开展的运动项目，为运动员提供丰富多样的、能够锻炼身体的训练方式，使运动员的身体能够得到有效锻炼，进一步提升运动员的技术和技能，增强运动员的心理素质，开发运动员的智力，指导运动员掌握恢复训练的方法，有针对性地提升运动员的运动成绩。这一概念包含了三层基本含义：第一，运动训练是有组织的教育过程；第二，运动训练有自身的目的，即通过运动训练，不断提升运动员的运动成绩；第三，运动训练一方面需要教练员的专业指导，另一方面，需要运动员的主动参与。国内外学者从更深层次解读了运动训练的概念，强调运动训练是能够帮助运动员提升或保持相应运动项目的运动成绩的过程。这对运动训练界定的角度是比较广泛的，不仅包含了之前讲到的运动训练的概念，还进一步拓展了运动训练的外延，将运动训练与提升或保持运动员的运动成绩结合起来，使运动训练的含义更加广泛。

通过仔细分析体育教学和运动训练的概念，我们能够清晰地看到体育教学和运动训练存在着很多相似之处，但是又有各自的特征。无论是体育教学还是运动训练都体现了一定的组织性，这两种教育过程都致力于培养体育人才，二者都涉及教师的"教"和学生的"学"，都注重对运动员身体的锻炼，使运动员身体能够承受高强度的体育运动。体育教学和运行训练也存在着显著的差异，主要表现为二者的本质属性不同，从根本上讲，体育教学属于学校体育的范畴，而运动训练属于竞技体育的范畴。体育教学和运动训练在目的任务方面也存在着一些不同，体育教学致力于增强学生的身体素质，培养学生的意志品质，而运动训练致力于提升运动员的运动成绩，帮助运动员获得竞赛的奖牌。通过以上分析我们可以发现，在内容、方法和手段上，体育教学和运动训练有着明显的差异。

从某种意义上来说，确立体育教学和运动训练的概念是非常必要的，有助于进一步了解体育教学和运动训练的主要目的。随着人们对体育教学和运动训练特点的深入了解，人们逐渐形成了体育教学和运动训练的概念，并对二者进行了分析和概括。但是这里需要注意的是，人们往往忽视了隐藏在概念背后的一些问题。归纳概念违背了事物发展的过程，事物时时刻刻都在进行着发展和变化，以图改变现有的状态，而人们在实践活动中总结出了一些经验，能够反映事物阶段性特征，与此同时，总结出来的经验在分析和研究的基础上能够形成一定的原则和规律，并指导具体的实践过程。由此看来，基于事物发展角度的概念的确立在一定程度上能够促进事物的发展，但是也有一定的要求，在运用概念的过程中注意概念的废除与重建，这是社会发展进步的必然要求，只有这样才能满足社会体育的发展需求。

（二）体育教学和运动训练的基本特点

1. 体育教学的基本特点

在体育实际教学活动中，人们会经历无数的成功与失败，这就需要人们深入分析和总结体育教学中的成功与失败，掌握体育教学的总体特点。在体育教学的全过程中都会体现体育教学的特点，对体育教学的整个过程进行指导。在制定体育计划、安排教学内容、选择教学方法、运用教学组织形式、课程负荷安排、评估教学质量等方面，都会反映体育教学的一般特点。主要包括以下内容：

（1）灵活多变，快乐教学

在实际的体育教学过程中，教师掌握灵活多变的教学原则，采用多种多样的教学模式，带领学生发现和体验运动的乐趣，这就是快乐体育教学的原则。快乐体育教学包括各种各样的方法，具体来讲，趣味融合法，是一种将体育教学内容与游戏巧妙结合在一起的方法；分层次教学法，是一种将不同层次的学生分成小组进行教学的方法；民族传统体育法，是一种将体育教学和民族传统体育融合的方法；创新式教学法，是一种帮助学生掌握基本的动作，并在此基础上引导学生自编自创，形成一套自己喜欢的组合拳或舞蹈的方法，这种方法比较适用于武术教学或者健美操教学。除了以上提到的几种常用方法外，还有很多的其他方法，在此不一一赘述。

（2）辩证统一，有机结合

运动乐趣与运动技能存在着紧密的联系，二者辩证统一，在体育教学的过程中，要将两者有机结合起来。体育教学一方面要提升学生的运动水平，帮助学生掌握相应的运动技能，还要带领学生体会和享受体育教学和体育锻炼的乐趣。现实中的体育教学肯定会存在一些枯燥乏味，对学生来说有一定技术难度的运动，面对这些运动，学生学习的热情往往不高，这时就需要教师充分挖掘充满乐趣的运动内容，增强体育教学的效果。但是这里需要注意的是，不能只追求运动的趣味性，而忽视了运动技能的训练，使教学质量难以提升，需要在掌握运动技能的基础上提升运动的乐趣。运动乐趣与运动技能相辅相成，要合理处理二者之间的关系。

（3）合理安排生理负荷和心理负荷原则

负荷一般包括两方面的内容，生理负荷和心理负荷。在体育教学中，要合理安排生理负荷和心理负荷，也就是将生理负荷和心理负荷控制在学生能够承受的适当范围内，这样才能有效提升学生的综合素质。

①根据教学目标、学生特点、教材性质等合理安排课的生理负荷。不同的课程有不同的生理负荷要求，在安排新授课和复习课时，要充分分析学生之间的具体情况，研究学生的性别、年龄，观察学生的健康状况，合理安排生理负荷。在教学比赛时，往往是比专项，因此训练要针对专项比赛进行，这样才能在比赛中取得不错的成绩。在安排生理负荷时还要注意区别对待。教材的性质是多种多样的，对身体机能能够产生不同的作用，这就需要教师科学的安排学生的生理负荷。除此之外，在安排生理负荷时，还要考虑其他因素，比如学生的营养条件，学生承担的体力活动情况，学生所在地区的气候条件，等等。

②正确处理生理负荷的量和强度的关系。正确的处理生理负荷的量和强度的关系就需要负荷量与负荷强度相互匹配，循序渐进地增加负荷量和负荷强度。通常情况下，体育教学是先增加负荷量，等学生适应之后，再逐步增加负荷强度。在增加负荷量时，应当适度降低强度。如果增加负荷强度，应适当减少负荷量。如此一来，负荷量和负荷强度会交替地增加和下降，二者相互配合，就能提升学生承担负荷的能力。

③正确处理生理负荷的表面数据和内部数据的关系。表面数据可以理解为运动动作练习的量和强度。内部数据可以理解为负荷量和强度所引起的一系列的生理和生化变化。一般来说，生理负荷的表面数据和内部数据存在着一致性，但现实情况是，学生在体质方面和身体训练水平方面存在着很大的差异，同样负荷的表面数据在不同学生身上会产生不同的内部数据。从这个层面来讲，在分析生理负荷时，将表面数据和内部数据结合起来进行分析和评价是非常有必要的。

④做好生理和心理负荷的测量、统计和分析工作。在对体育课的质量进行评价时，不仅要合理安排生理负荷的测量，还要安排好心理负荷的测量，这样才能全面客观的评价生理和心理两个方面的负荷。不仅如此，还要制定科学合理的负荷量，在各种各样的练习和负荷训练中安排合适的负荷量，确保最大限度地发挥运动员训练的效果。

2. 运动训练的基本特点

运动训练的过程遵循相应的客观规律，发挥着普遍指导的作用。说白了就是教学中渗透着训练因素，训练中渗透着教学元素。教学与训练相辅相成，有着密不可分的关系。训练主要讲的是提高的过程，教学主要讲的是从不会到会的过程。之前我们已经谈到体育教学与运动训练有着明显的差异。运动训练的主要特点包括以下几方面：

（1）一般训练与专项训练相结合

为了实现有效提升运动员专项能力的目标，帮助运动员取得专项运动的优异成绩，将专项训练和一般训练相结合是比较有效的途径。在运动训练过程中，利用不同的身体练习、方法和手段，增强运动员的器官功能，提升运动员的综合素质，强健运动员的体魄，使运动员不仅能够学习运动理论知识，还能掌握运动技术，将身体基础筑牢，为提升专项技能和战术做好准备。在选择专项训练的手段、确定专项训练的目的时需要充分分析专项训练的特点。例如，在进行艺术体操、球类等运动训练时，需要尽可能地选择注重灵巧和柔韧性的手段。

一般训练与专项训练存在着很多的不同，比如训练的内容、训练的手段、肩负的任务、发挥的作用等方面都有明显的差异。

与此同时，一般训练与专项训练也存在着密切的联系，具体来讲就是要想进行专项训练需要先进行一般训练，而专项训练是获取优异成绩的重要条件。一般训练与专项训练相辅相成，相互促进，密不可分。

①促进各器官的互相作用。在运动训练中承担的运动负荷会给机体带来一定的刺激，促使各器官系统发生适应性变化，不同的器官系统之间产生紧密的联系。在进行一般训练过程中，应进一步拓展练习的内容，不断丰富练习的手段，与专项训练形成互补，全面增强运动员的身体素质，这样才能促使运动员在体育竞赛中取得优异的成绩。

②动作技能的相互转移。从本质上来说，运动员学会动作技能就是要形成条件反射，建立一种暂时性神经联系，神经联系建立的越多、建立的越牢固，学习动作技能的速度也就越快，越容易掌握新的动作技能。在进行动作结构和性质相近的训练时，能够产生动作技能的积极转移作用。

③各运动素质的发展是相互影响，相互制约的。一种运动素质的发展会作用于其他素质的发展，如果运动员的腿部力量差，那么这名运动员的速度素质就很难得到有效提升，这就需要训练下肢，增加下肢的力量，进而提升腿部的速度。运动员如果速度素质较差，那么运动员的爆发力水平就不强。专项素质的提升与一般素质的发展有着十分密切的关系。

④一般训练对专项训练的调节作用。专项训练就是专项运动的动作本身，这也是专项训练的内容和主要手段。专项训练需要长期的反复练习，总体来看比较枯燥乏味，特别是对少年儿童来说，很难坚持下去。再加上专项训练强度大，容易导致机体局部负担过重，使中枢神经系统出现疲劳状态，在进行跑、游泳、速度滑冰等周期性项目中更加明显。这时就需要搭配一些一般性训练，优化整个训练的节奏，确保专项训练能够取得较好的效果。

（2）区别对待原则

在运动训练时还需要坚持区别对待原则，这一原则要求仔细分析不同的专项、不同的运动员、不同的训练状态、不同的训练条件、不同的训练内容，有区别地组织安排各自的训练过程，选择合适的训练内容，承担不同的运动负荷。

①共性与个性和谐发展。不同的运动专项有各自的发展规律，影响因素也不同，不同的专项有不同的特点，展现出来的运动风格也是不同的，但是各专项也具备共同的规律。由此看来，在集体项目中，不仅集体训练是重要的，发挥着不可替代的作用，同时，个人训练也不容忽视。举例来分析，在排球训练中，部分

队员扣球技术不高，部分队员接发球到位率较低，因此，在进行集体训练时还要加入个人训练，做好针对性的练习。

②有的放矢，保证重点。学校的课余运动训练具有自身的特性，项目丰富多样，训练人数众多，教练员数量比较少。在田赛训练中，每一个小项都有各个年级的运动员，当教练员数量不足时，可以考虑采用小群组合的训练方式，重点训练竞赛报名的运动员。在径赛训练中，不同的专项有不同的训练重点，短跑注重快速力量和步频的训练，中长跑注重速度和耐力的训练，按照自己选择的专项来确定自己重点的训练内容。不同项目的运动训练可以分不同的课次进行，不仅要训练身体素质，还要锻炼技术技能，全面提升综合素质。这里需要注意的是，一般训练前期注重身体训练，训练后期更多的是进行技术训练。

（三）体育教学与运动训练的差异

1. 体育教学和运动训练的内涵不同

在运动训练中，学生通过实践性教学，学习和掌握体育知识，体育教师给学生提供一定的帮助和指导，学生根据自己的具体情况进行训练，在一定程度上提升学生自主训练的能力，帮助学生掌握一定的运动技能。运动训练属于竞技体育的范畴，通过运动训练最大限度激发运动员的体育潜力，提升运动员的技能水平，促使运动员在体育竞赛中取得优异的成绩。运动训练具有较强的竞争性，利用运动训练增强运动员的素质，提升运动员的经济水平，从而赢得比赛。

运动训练主要包含三个层面的内涵，首先，运动员利用运动训练获取优异的比赛成绩；其次，运动训练的开展需要严格的竞赛制度和竞赛规则；最后，在运动训练中，运动员争取最高运动成绩的过程也是最大限度地激发运动潜力的过程。

体育教学的内涵比较简单，体育教学属于学校体育的范畴。通过体育教学，学生的身体素质能够得到增强，理解力、想象力也能够得到培养，能够养成自主学习的习惯。引导学生树立终身体育的观念是体育教学的主要任务。

2. 体育教学和运动训练的特点不同

运动训练的特征主要表现在三个方面。第一，在运动训练中采用了较多的手段，所用仪器设备具有较强的专业性和科学性。利用专业场地、体育器材进行训练，才能最大限度地激发运动员的运动潜力。运动员采用高强度、高负荷的运动训练，进一步提升竞赛成绩。第二，不同的运动项目其所关联的运动训练形式也是不同的，所涉及的比赛形式、比赛规则也将有所不同，这些差异决定着运动员应选择不同的训练方式。第三，运动训练只需要面对有潜力的运动员，这些运动员在学校经过了层层筛选，优秀者才会进行运动训练。

体育教学的特征也主要体现在三个方面，完全不同于运动训练。第一，体育教学要面向全体学生，所有在高校学习的学生都能够参与体育教学。不同的学生在身体素质方面存在很大的差异，通过体育教学后，学生获得了一定的锻炼，学生的身体素质能够得到增强，运动水平也能够得到提升。第二，体育教学具有全面性特征。在体育教学中，除了要对学生进行身体锻炼、增强学生身体素质以外，还要培养学生终身体育意识，借助体育教学的辅助，发展学生健康心理，提升学生思想道德素质等。第三，在体育教学中，学生的主体性得到了彰显。通过多样化的教学方式，学生顺利地实现了理论知识向体育实践的过渡。就体育实践而言，学生的主体性进一步彰显，并在实践中培养了体育意识，养成了良好的体育锻炼的习惯。

3.体育教学和运动训练的目标不同

运动训练的目标相对简单，主要是通过运动训练，让运动员在运动中获得一定的名次，不断地突破自我，最终获得竞赛冠军。体育教学的教学目标，则是使学生通过参加体育教学活动，强身健体，提升身体素养，获得良好的身心体验。由于两者的目标不同，举办的教学活动、所采取的教学方式也自然各不相同。运动训练与体育教学相比，对教学有着较高要求，从事运动训练的运动员，在身体素质方面已经做好了准备，具有较高水平的体育技能。

二、体育教学与运动训练之间的联系

尽管体育教学和运动训练之间有一些区别，但是，就其本质而言，体育教学活动和运动训练过程的核心内容还存在很多相同点，而且二者的一致性，恰恰是体育教学和运动训练可以有效地相辅相成、相互渗透的关键。在实践中，还存在着其他的约束力，使体育训练与教学的自然功能产生了一定程度的分化，但是二者发展目标的一致性，能使整个教学过程相辅相成、互相作用。体育教学和运动训练都分别存在着一些缺点和不足，这就要求二者相互辅助、互为补充，充分运用互补原理，破解发展中出现的难题，选择互补的原因，正是由于"理论"和"实践"作用的差异，并且，"理论"和"实践"在体育教学的过程中均不可或缺，所以，体育教学和运动训练在本质上可以相互参照、相辅相成。在进行体育教学时，运动训练仅仅是它的一个组成部分，体育教学活动从整体上还是建立在教学目的的实施方法、教学方法与教学理念的合理运用等教学活动的基础上。运动训练的内容是多方面的，从发展现状来看，运动训练体现了较强的竞技性，整个运动训练过程之所以能很好地完成，是以大量的运动训练为前提。在进行体育教学时，在教学活动与体育训练不断推进的今天，运动员既能够有效掌握体育理论，又能够培养良好的运动习惯，养成健康的生活习惯，而这一切都与运动训练存在着紧密的关系。

通过分析和研究体育教学与运动训练之间的关系，我们发现二者是相辅相成的，二者关系的互补在体育教育中具有非常重要的意义，只有正确处理二者的相辅相成、互相促进的关系，才能在教学过程中实现理论与实际的结合，实现运动训练的有效性，最终实现体育教学的目标。正确认识二者的相同性是非常重要的，能够推动体育教学和运动训练的合理开展。在时代要求越来越高的今天，为了顺应这种转变，教师就必须变革过去传统的单一教学方式，创新教育形式，从封闭的、机械的教学转变为创造性教学。教育观念只有从根本上发生改变才能紧跟时代形势的变化。无论是体育教学还是运动训练都要随着时代的发展而发展，开发新的教学内容，与时俱进。在发展的过程中，摒弃传统的、陈旧的发展方式，创新教育教学理念，进一步提升我国体育教学水平，推动运动训练成绩持续提升。

（1）两者都需要人体进行运动

在运动训练中，"运动"的必要性是不容置疑的，而且体育教学同样需要运动。体育教学的最大特点是通过各种锻炼，增强学生身体素质，也就是要求学生在重复学习与实践中，不断地提高体育技能，并且这一过程可以促进学生身体素质以及运动技能等方面的发展。从这个角度来讲，无论在体育教学中，还是在运动训练中，"运动"都发挥着极其重要的价值。

（2）两者都根据对象的特点选择运动形式

无论是体育教学还是运动训练，教师均需根据学生及运动员年龄、性别、体质等因素来安排运动项目，学生及运动员运动水平的高低也会影响运动项目的选择。例如，在对大学生进行体育教学时，体育教师要以增强大学生健康为主要目标，针对大学生生理和心理特点，选择能与他们身体负荷相适应的运动项目，并在此基础上进行合理搭配、排列和组合，从而促进教学过程科学化、高效化开展。在大学生运动员运动训练中，教练员也应针对运动员生理和心理特点，选择能够与之相适应的训练项目，并且根据运动员的运动状况，制订细致的运动训练计划，分期分批逐步提高运动员水平，延长运动员运动寿命。从这个角度来看，无论是体育教学，还是运动训练，都必须从所面对的不同客体的条件出发，开展教学或者训练。

（3）两者项目内容是具有共通性的

运动训练所涉项目极有可能扩散到体育教学之中，运动训练的项目还可用作体育教学，如田径等。而体育教学所反映出来的是人与人之间的差别，那么，这类项目有可能是运动训练所要涉及的项目。体育教学与运动训练在项目内容上具有共通性。

（4）两者都是一个教育过程

体育教学与运动训练虽然有许多不同点，但从根本上说，它们是教育的过程，教育者和被教育者相互作用，在此过程中，学生或运动员是主体，教练或老师起主导作用。教练要多方面综合考虑运动训练，制订科学合理的训练计划，体育教学则需依据教学目标及课程标准做好课程安排。

（5）两者都需要随着时代的发展而发展

时代在进步，体育教学已逐步从注重固有知识传授的传统封闭式教育转向对学生创造性思维与终身教育观念的培养。在此背景下，体育教学内容也需与时俱进，改变以往以竞技体育知识讲授为主要教学内容的陈旧模式，转向健身、娱乐、休闲等内容为主要的学习内容。同样地，运动训练在方法和形式上也是随着时代的进步而进步。运动训练要求运动员学习最新比赛规则，利用先进仪器设备，增强自身竞技能力。这一切正是时代发展给运动训练所带来的改变。现代社会，要想在竞争中生存，运动员进行运动训练时，不仅要懂得如运动生理学、运动解剖学等运动专项理论，还要了解世界各国该项运动水平的发展情况，结合该项目在国内目前的水平，寻找新的训练理念和训练方法，促进运动训练水平。

三、高校体育教学与运动训练相结合的发展趋势

(一)通过运动训练促进学生素质的全面发展

体育教学的重要表现之一就是发展人的自然素质,其主要原因是自然素质是人类素质结构的最根本因素,而自然素质指的是身体素质,并且可以通过体育教学得到锻炼和提高。要想实现这个目标,运动员便要承担一定程度的负荷。高校学生在兴趣爱好、体育观念、身体形态和品质上都有显著的不同,因此在体育运动方面自然是有一定的差异。鉴于此,教师需通过运动训练手段的合理应用来解决这一点,根据学生实际情况,开发更加合理、高效的课程模式,减少学生运动时的负荷,使他们在体能和体格上都能得到切实、有效地训练。

(二)运动训练与体育教学的互动发展

要想顺利开展高校体育教学,就需要确保运动训练与体育教学相互依托,互为一体。高校体育教学一旦脱离运动训练,势必缺乏必要的美感与激情,无法使学生的积极性得到调动;体育教学是运动训练的基础,运动训练一旦脱离了体育教学,势必也得不到良好的发展。因此,运动训练需要与体育教学同步进行,高校可以利用体育教学为竞技体育的发展打下基础,充分运用运动训练、课余体育竞赛等课堂教学途径,让学生提升技能水平和增强体育意识,加深学生对体育的理解,培养众多运动技术水平较高的积极分子和体育尖子。除此之外,竞技运动与训练的不断发展还将使体育教学的发展更进一步,通过竞技运动的发展,能够使学生集体荣誉感增强,调动学生参加训练的积极性和热情,并且最终推动高校体育教学健康、长久地发展。

四、高校体育教学和运动训练协调发展的措施

(一)建立两者协调发展的理念

体育教学与运动训练互动的前提是树立互动的思想。随着社会对青少年成长要求越来越高,拥有强健的体魄是学生走向社会的先决条件。高校要树立师生互动发展观念。第一,从学生角度讲,教师是执行者、实施者与组织者,教师的每一个动作都能够给学生带来影响,因此,教师应该把握好两者互动发展的思路,

更好地引导学生。第二，制订以学生为中心的高校教学计划，发挥学生主体优势，因此，我们应该对学生进行体育理念的培养，使其了解二者间的联系，学会将二者融合在一起，推动二者共同进步，传承体育精神。

（二）体育教学应当与训练相结合

尽管体育教学与运动训练二者方式不同，但执行起来，二者缺一不可。体育教学就是向学生讲授理论知识的过程，使其认识体育训练和体育项目知识的重要性。体育训练要坚持理论联系实际的原则，主要原因在于，现实需要理论的指导，理论是在实践中完成的，只有把两者结合起来，才有可能取得良好的收益，才能更好地培养体育精神。运动训练可通过设置篮球、足球、排球等项目来进行，除此之外，健美操和其他项目也是提升学生体能的重要手段。同时，学校要重点培养体育师资力量，对学生运动训练严格要求，可以利用学分要求学生，这既能发挥其监督作用，同时也能严格地要求学生形成良好的体育运动习惯。

（三）增强学生的体育意识

一切为学生着想，那么，应怎样促进学生身体素质的发展就显得异常重要。首要目标是增强学生体育运动意识，学校要给学生建立完善的体育课程教学计划。教师在培养学生的素质时，应善于运用创新性思维，以新颖的形式调动学生主动参与的热情。在很多大学，会有体育特训生，这些体训生有着明确的目的，也就是争夺利益、赢得奖励，如此一来，非体训生学习热情受挫，这就要求教师采用理性、有效、健康地激励方法，指导学生建立正确的体育观念。秉着教师对学生健康成长负责的态度，督促学生养成良好的体育锻炼习惯。学校可采取召开运动会的方式或者社团活动奖励等形式，进一步增强学生体育锻炼意识。

（四）借助运动训练手段，培养学生的自然素质

与其他素质相比，自然素质在素质结构层次上处于较低的位置，但却对其他素质的形成产生了重要的影响。身体素质是自然素质中最重要的部分。体育教学的重要任务是为提升学生身体素质服务，然后培养学生的自然素质。增强学生身体素质，其重要途径是加强学生体质，加大训练强度。运动训练涵盖了较多的专业训练技巧，在培训过程中，教师需要采取科学的手段，确保运动员的安全，持

续增加运动员的生理负荷，进一步提升运动员体育运动能力，从而使运动员在比赛中取得较好成绩，将更高、更快、更强的体育精神传递给大家。体育教学对学生身体素质的发展可以借助运动训练这一有效手段，在有需要的情况下，运用科学地训练手段，逐步增加运动负荷，在积累了一定的量的运动负荷量后，学生的身体素质能够得到显著增强。

（五）体育教学和运动训练教学内容上的互补

运动训练主要通过给运动员安排一定数量的运动项目，促进其身体素质的提高，使运动员熟练地掌握运动项目技巧。运动训练更加能够展现机械运动的特征，对于运动员而言，只能从中感受到训练的压力，很难在其中体会到快乐。在体育教学中，教学内容的选取更为简便、实用，更易对学生产生刺激，从而调动学生的积极性。所以在进行运动训练时，还应恰当地引入体育教学理论，在分析体育教学内容的基础上，进一步拓宽运动训练内容的外延，激发运动员训练的兴趣等，让运动员在高强度训练时，还可以适当地放松身心。此外，在进行体育教学的过程当中，若只单纯地对学生的身体进行训练，不重视其他教学目标也不行，还要有一些体育项目的训练，并且这些体育项目训练也需要借助运动训练中的相关技术，为运动员提供一定的指导。教师还需结合学生体育学习情况，适当增加运动训练的内容，加强学生身体锻炼等。综合运用运动训练教学内容与方法，能够更加适应新时期体育教学的需求，更加有利于引导学生养成良好的体育运动习惯，提高身体素质。

（六）体育教学和运动训练的教学方式互补

与运动训练相比，体育教学更偏向理论知识教学，这就使很多的教学方法与教学理论难以通过实践进行验证，使教学理论与方法丧失了指导意义。若把体育教学相关的教学理论与教学方法应用于运动训练，在实际的运动训练中，相关的教学理论必然会得到证实，多样化的教学方法必将对运动训练起到一定的作用。在运动训练方面，虽缺少相应的教学方法，但采用的教学方法也能够取得较好的效果，这些教学方法经过了无数的实践证明，有着重要的指导意义。对于运动强度较低的体育教学来说，运用运动训练教学方法，引导运动员对体育教学部分项目进行训练，一定能取得令人满意的效果。所以体育教学与运动训练应该达到双赢的局面，共同推动高校体育发展，在教学方法方面也需取长补短。

总之，本书针对高校体育教学和运动训练进行了简单的研究分析。体育教学与运动训练是高校体育的重要构成部分，二者是有区别的，亦有相通之处。二者均是为了增强学生的身体素质，推动高校体育工作的顺利开展。高校有必要对校内运动训练与体育教学之间的相同点与不同点展开分析，掌握二者特点，找到教学的共同点，在教学中做到有效补充。无论是体育教学，还是运动训练，二者都是高校体育教学工作的重要组成部分，具有特殊的含义，相关工作者在实践训练中一定要把握好体育教学与运动训练的关系，推动教学人员之间进行交流与沟通，在体育教学与运动训练中达到完善教学的目的。

第二节 "体教结合"模式的构建

为有效提升我国青少年的身体素质并促使学生能够热爱体育运动，进一步实现多方面培养体育人才的目标，就需要推行"体教结合"的体育教育模式，由此，不但能够更好地培养学生建立起终身体育的观念，还能够为中国竞技体育可持续性的健康发展保驾护航。

一、"体教结合"概述

（一）体教结合相关的概念和内涵

值得注意的是，在广义的"体教结合"当中，按照其发展程度主要可以分为三个连续的狭义发展阶段：第一阶段就是更为重视"体"的作用的狭义上的"体教结合"时期。第二阶段为"教体结合"时期，在这段时间里，更加重视"教"的存在。第三阶段是一个过渡时期，在这一时期，主要进行的是实现"教体融合"。

1.体教结合的概念

"体教结合"共存在两种形式上的概念，分别为广义上的"体教结合"与狭义上的"体教结合"。

一般而言，广义上的"体教结合"就是为了培养出体质优异且身心素质健康的人才所推行的能够在适应时代发展情况的同时，有效推动学校的体育与教育工作资源的整合以及素质教育的发展，以及确保学生能够得到充分地训练，从而实现体育与教育人才培养目的的重要举措。

"体教结合"在狭义上的概念具体表现为基于传统的竞技体育人才培养模式，充分融合教育系统中丰富的文化教育资源，最终实现充分解决优秀的运动员退役之后各项问题的目标。所以说，该培养模式主要表现为竞技运动与教育系统的有机结合，并且，在结合的过程当中，始终占据主导地位的是体育部门。

2. 体教结合的内涵

郑婕，陈志伟认为之所以推行"体教结合"是为了更好地培养运动技能与文化素质全面发展的运动员；王凯珍，潘志琛等人认为若要实现"体教结合"就需要体育与教育双方能够在各方面实现完美结合；阳艺武，刘同员认为"教体结合"的存在，主要为了有效增强我国在竞技体育的后备人才培养方面的体育与教育的结合程度，最终确立的新的培养机制当中，占据主导地位的是教育系统。另外，在这两人的研究当中，还对"体教结合"与"教体结合"进行了明确的划分，其中"体教结合"的结构较为松散，身处其中的体育与教育各自为重，只以自身利益为重，"教体结合"当中占据主导地位的是教育系统，并且，在这一培养模式的推行过程当中，十分关注对后备人才身心素质的全面培养，所以说，学校自身所拥有体育功能回归与完善的过程具体表现为"体教结合"逐步向"教体结合"转变的过程；丁永玺认为"体教结合"与"教体结合"的不同之处主要表现在结合方式的不同上，前者是竞技体育与学校教育处于同一地位上的结合，且以竞技体育为主，后者是在学校教育的基础之上所推行的体育方面的人才培养，占据主要地位的是学校教育。并且，对于丁永玺来说，为确保我国的竞技体育能够实现可持续的健康发展，并有效促进学校内部的各项体育活动能够更好地开展，就需要格外推崇"教体结合"的人才培养模式。

总的来说，大多数的专家学者在进行研究的过程中，主要的研究方向是"体教结合"的总体概念，除此之外，在选择研究角度的时候，多数会研究体与教在不同的"体教结合"的发展阶段中的结合程度。在具体的研究过程中，多数专家学者所确定的研究思路就是对在全面型的人才培养当中"体教结合"的重要作用加以强调与肯定，并基于此明确一点，即"教体结合"在发展到"教体融合"的过程当中，逐渐增强了对全面型体育人才的培养程度。

（二）体教结合的难点

在推行体育与教育结合的过程当中，难点重重。我们需要思考，学校体育在青少年的成长过程当中，应当发挥怎样的功能与作用，并且又要如何对其进行合理的评价？在明确需要面向所有学生的情况下，对于学校体育的发展，主要有两个方向：其一是只重视学校体育与竞技体育之间的联系，其二是推动学生的全面发展。我们需要怎样选择与取舍？在培养青少年的体育技能的时候，体育部门与教育部门应当怎样选择？

经过实践，我们能够明确一点，在"体教结合"当中，体育部门与教育部门之所以难以进行有效合作、充分结合，主要是因为两者在对目标价值的选择上截然不同，由此形成了恶性循环，致使教育资源难以集中、教育体系不够完善、不同制度难以兼容等问题层出不穷。

对于教育部门来说，始终坚持深入贯彻落实党所确立的教育方针，积极引导学生参与体育锻炼，从而提升自身素质。一般而言，为确保体育课堂教学可以充分结合课外活动，就需要确保学生所接受的体育课程时间是充足的，且教师也应当对体育课堂的教学效果进行有效把握与增强，之后就可以在此基础之上充分结合体育课外练习与科学锻炼，使其成为体育课的延续；为了更好地提升学生对于体育学习的兴趣以及有效提升自身运动技能，就需要充分激发学生的学习兴趣，明晰教育与体育教学当中所坚持的因材施教与快乐参与的基本规律，促使学生不断提升自身运动水平，并进一步建立起终身体育的观念；对于体育部门来说，在各大重要的体育赛事当中，争金夺银就是最紧要的任务，所以，对于教育部门来说，一项重要任务就是为其培养优秀的体育后备人才。于是，在学校所开展的种种群体活动与运动竞赛当中，可以顺便开展带有普及性质的体育活动，由此就能够在确保不影响课余训练与运动竞赛的基础上，实现体育后备人才的培养并有效增强学生体育素质，为学校营造出优良的体育文化氛围。

对教育系统来说，自身始终坚持提高促进普及的价值取向，引导学生数量掌握少数几项能够适应终身的体育技能，并从中获得乐趣，最终实现身体素质的全面发展；对体育系统来说，先进行普及，之后再基于庞大的底层基础进行提高是一直坚持的价值取向，由此也更容易获得出类拔萃的成果。

(三)生源是运动训练专业实施"体教结合"培养模式的基础

1. 高校运动训练专业学生的生源情况

在国家的规定当中,运动训练专业在自己确定的招生计划当中,应当招收总人数15%及以上属于一级运动员(含)以上技术等级资格的学生。现阶段,我国的运动训练专业中所招收的符合这一规定的学生大多数来源于由体育系统所培养的运动员,而且,这部分运动员也是该专业的重要成员,深入参与到"体教结合"这一培养模式当中。在这一专业当中,大部分成员来自体育传统学校或者一些普通中学,资质为二级运动员及以上。借助现有先进的能够实现体育与教育深入结合的教育模式,能够有效促进这些新入学的运动员的身体技能与文化素质的全面发展。

2. 生源差异化是高校"体教结合"培养模式的基础

一般而言,在新生入学之后我们可以根据这些人的生源差别,将其分为两种类型,分别为运动员学生与学生运动员。其中,运动员学生的重点在于"运动员",这一类学生群体自小就进入专业队进行训练,有着较高的专业技能等级,他们以此为职业。值得注意的是,因为学习的重点主要是专门的运动技能,所以他们在文化学习上与接受普通学校教育的学生有着较大的差距。还有一种学生是"学生运动员",这一类群体的身份重点在于学生,所以会更为重视文化课的学习,更能够满足学校为学生所制定的学业要求,但是很难媲美"运动员学生"在专业的运动技术等级上的成就。因为运动训练专业的学生有着上述两种群体的存在,所以在教学上存在一定的特殊性,这就为"体教结合"模式的推行提供了优渥的土壤。

二、实施"横向合作"和"纵向发展"相结合的"体教结合"模式

在"体教结合"这一模式的推行过程当中,尽管存在各种各样的问题,但是并不能否认这一模式的先进性,其中大部分问题存在的主要原因在于体育系统与教育系统在双方部门制度的融合上并不完美,所以应当进行对其有针对性制度的改革创新。所以说,在对运动训练专业的学生进行培养的过程当中应当始终坚持使用"体教结合"模式,并且,应当突破性地采用"横向合作"与"纵向发展"

相结合的方式。其中,"横向合作"主要指的是教育系统与体育系统之间应当尽力突破制度壁垒、管理障碍等阻碍,实行全面且深度的合作,明确各自的职责、责任,做好教学安排,建立起良好、便捷的沟通渠道,最终成功攻破学训矛盾等难题。另外,"纵向发展"主要指的是教育系统利用自身优势,积极推进体育部门与教育部门的合作,对现有的培养体系与培养方法等进行改革,提高合理的经费支出并加强各场馆设施的建设等,使学生运动员的经济体育能力、竞技体育水平以及文化课水平都能够得到有效提升。最后,也是最重要的是,我们通过将"横线合作"与"纵向发展"进行结合,能够更好地解决现有的学训矛盾与教学安排等问题,为培养运动训练专业的高水平竞技体育人才创造更多路径。

三、运动训练专业"体教结合"培养模式的具体措施

(一)对培养目标进行合理定位

在推行"体教结合"的培养模式的时候应当始终坚持正确的人才培养目标方向。伴随着时代的发展,现阶段对于体育人才的需求已经更趋多元化、专业化、高级化,但是这一发展目标很难推进,主要是因为运动训练专业并不具备足够数量的优质生源。总的来说,高校在积极探索"体教结合"这一培养模式的推行过程当中,在客体上应当有计划地促进"体育"与"教育"的结合,使运动员学生能够实现运动训练技能与文化素养的全面发展,最终成为高级专门人才;在主体上,高校也应当为学生提供接受"体育"与"教育"的空间,通过分层次地教学的方式,使学生能够被培养成竞技体育的专门人才与复合人才,由此,高校自身也能够成为联合培养与独立培养兼具的综合型人才培养基地。

(二)加强合作,优势互补

存在于"体教结合"这一培养模式当中的体育系统主要通过各种训练与比赛有效提高运动员的运动成绩与经验,教育系统则侧重于提高运动员的专业理论知识,有效提升其文化素养。所以说,体育系统与教育系统在"体教结合"的培养模式当中,应当积极提升双方的合作力度与程度,二者相辅相成,最终推动"体教结合"目标的实现。为了有效促进二者实现"横向合作",高校与体育系统当

中的运动员主管部门就应当加强合作与交流沟通，制订好合理的教学安排与培养方案，有效避免学训矛盾的发生。除此之外，还需要为运动员学生建立起灵活可靠的成绩考评体系，兼顾运动成绩与文化成绩。而且，还应当根据实际情况为学生制订合理的学业标准考核方式。最后，在设置理论学习的组织形式的时候，应当重视科学合理与灵活多变，根据不同学生所拥有的不同的文化水平以及在各种训练与竞赛当中的经验，成功将专业理论文化知识与实践进行结合，有效促进运动员学生实现自身的运动水平与文化素养的全面发展。

基于"纵向发展"的角度进行研究，我们能够明显发现，不同的学生在运动水平与文化素质等方面存在较为明显的层次分布，所以，为了更好地开展教学工作，应当推行层次化的教学方式，做到因材施教，并且，需要注意的是，在教学的过程当中，需要始终重视对学生自身的思想道德素质进行培养，绝不偏离竞技体育人才的运动训练、文化教育当中运行的基本规律。借助现有的高校优秀育人氛围，使学生运动员能够兼具较高的文化素养与运动水平，成为综合型的人才。总的来说，在"体教结合"的培养模式的推行过程当中，应当深入发掘并利用高校内部在教学与科研等方面存在的优势，培育出有着高校自身办学特色的高水平的学生运动员。

（三）整合资源，合理布局

之所以在"体教结合"这一培养模式当中推行"横向合作"与"纵向发展"的结合，就是要实现合作培养与独立培养的结合。所以说，横向合作这一培养方式存在的主要目的就是开拓现有的关于运动训练专业的运动员学生的培养途径，积极发扬体育系统与教育系统当中存在的各种资源优势，建立起层次分明且合理的奖励与资助机制。比如为奋战在一线教学现场的教练员与文化课的教师提供合理的资金补助，为获得优异成绩的学生运动员与其教练员进行一定的奖励，同样的，在获取这些补助与奖励之后，学生运动员也应当积极宣传自己的学校，有效提升学校的知名度与影响力。针对纵向发展，应当充分调动学校中的教职员工与各位领导，深入利用已有的各种优质资源。并在此基础之上，进一步推动学校所开设的诸多运动项目的合理化布局。通过考察现有情况，增加一定程度的经费投入，完善现有办学条件以便紧紧跟随时代发展与变化，在教学的开展上，学校应当主动培养与吸纳优秀教师，建立起高质量的师资队伍。与此同时，还应当重点关注教师与学生的创造性、积极性，选择合适的方式加以调动。另外，在对学生运动员进行培养的过程当中，首要注意的是提升其专项技能水平，最终促使"体教结合"这一培养模式更好地适应高校的运动训练专业的需求。

（四）合理规划，加强管理

为更好地实现"体教结合"这一培养模式在运动训练专业中的应用，就需要重点研究学训矛盾在体教结合当中造成负面影响的成因，对症下药，尽力解决这一矛盾。值得注意的是，学训矛盾的存在包含两部分，有着"运动员学生"在文化学习与训练中存在的问题，也有着"学生运动员"文化学习与专项训练的冲突。从实践探索入手，对现行培养体制进行优化，从而增强学生"学训结合"的成效，使体育部门与教育部门在进一步整合之后能够培养出更加满足社会需求的人才。另外，还要在一定限度内对运动员的日常生活、学习、训练等方面进行严格管理，推行联合培养机制，同等重视各部门所开展的培养工作的作用。另外，为有效解决学训矛盾，可以利用现有的较为发达的多媒体与网络技术开展教学工作，帮助运动员学生更好地进行文化知识的学习。总的来说，为了确保上述各手段能够切实应用到学习与训练当中，就需要双方建立起合理且高效的配合机制，坚持及时且有效的沟通。

（五）以人为本、统筹兼顾

深刻领悟"体教结合"的基本内涵，始终遵循以人为本以及统筹兼顾的科学发展观。在运动训练专业的入学资格方面，根据实际情况，在一定程度上对相关标准进行提高。对现有文化教育的管理进行潜化，并坚持科学的目标导向，最终有效消除学训矛盾，真正建立起两者协调的新机制。通过将校外与校内两个方向上的培养进行有机结合的方式进一步促进"体教"的融合，从而逐步实现体教结合的最终目标。

为更好地对高校运动训练专业的学生进行训练，从而为国家输送更多竞技体育人才，就需要树立起多元化、专业化、层次化的高水平的培养目标，始终坚持"体教结合"的培养模式，通过"横向合作"与"纵向发展"相结合的方式，充分利用现存于体育系统与教育系统中的优质资源,获得良好的培养效果。值得注意的是,我们并不否认现阶段推行的"体教结合"的培养模式存在一定程度的问题,但是,我们应当有信心、有毅力在之后的时间里,不断根据实际情况对其进行改革与完善,最终获得理想的培育人才的效果。

参考文献

[1] 邱天. 高校体育创新思维的教学与实践 [M]. 厦门：厦门大学出版社，2020.

[2] 杨洪志. 首都高校体育改革与发展研究 [M]. 北京：北京体育大学出版社，2013.

[3] 王健. 运动技能与体育教学 [M]. 北京：北京体育大学出版社，2009.

[4] 孙越鹏，宋丽丹. 高校体育教学理论及改革创新研究 [M]. 北京：新华出版社，2018.

[5] 马鹏涛. 高校体育教学改革创新与科学化训练研究 [M]. 北京：新华出版社，2018.

[6] 刘鑫. 体育教育教学发展改革历程研究 [M]. 南京：南京大学出版社，2019.

[7] 刘大庆. 运动训练学研究进展与理论探蹊 [M]. 北京：北京体育大学出版社，2013.

[8] 张桂青. 大学生体育文化与技能实践 [M]. 北京：人民邮电出版社，2017.

[9] 张潇潇，蒋旭军，李军. 体育教学理论与实践解读 [M]. 北京：新华出版社，2018.

[10] 张世榕. 大学体育 [M]. 北京：北京理工大学出版社，2020.

[11] 徐焕喆，赵勇军. 新时代我国高校体育教学改革任务及措施 [J]. 体育文化导刊，2022（02）：98-103.

[12] 雍军. 高校体育教学中学生创新能力的培养探讨 [J]. 产业与科技论坛，2022，21（03）：95-96.

[13] 林峻先. 高校体育教学改革与大学生终身体育意识的培养研究 [J]. 佳木斯职业学院学报，2021，37（12）：100-102.

[14] 刘奕. 高校体育教学与运动训练异同互补的研究 [J]. 文体用品与科技，2021（21）：96-98.

[15] 段青.大学生体质健康状况与高校体育教学改革的思考[J].田径,2021(09):29-32.

[16] 高丽,袁海军.体育教育运动训练中的思维模式转变探析[J].广州体育学院学报,2021,41(04):57-59.

[17] 韩燕.互联网背景下高校体育教学模式创新理念分析——评《体育教学的信息化教学理论与实践研究》[J].中国油脂,2021,46(08):163-164.

[18] 郭家骏,于欣慈.高校体育教学管理创新与发展思考[J].长春师范大学学报,2022,41(05):189-191.

[19] 马海峰,胡亦海.我国运动训练理论"体能"概念泛化与"竞技体能"误区[J].中国体育教练员,2021,29(01):3-9.

[20] 王体刚.浅论高校体育教学与运动训练的互动模式[J].当代体育科技,2021,11(06):119-121.

[21] 周伟.我国高校实施数字化体育教学及课程整合研究[D].成都：四川大学,2004.

[22] 霍军.创新教育理念下体育教学方法理论与实践研究[D].北京：北京体育大学,2012.

[23] 党林秀.基于学生全面发展的体育教学方式理论与实践研究[D].上海：华东师范大学,2017.

[24] 姜敏.创新能力培养视角下对普通高校体育教育专业实训教学研究[D].黄石：湖北师范大学,2017.

[25] 朱婷.体育教学模式创新成果及其转化机制探究[D].武汉：武汉体育学院,2020.

[26] 张帅.翻转课堂引入高校体育教学的学理分析、价值透视及实践策略研究[D].徐州：中国矿业大学,2021.

[27] 崔艳艳.我国普通高校体育教学环境研究[D].石家庄：河北师范大学,2012.

[28] 王国亮.翻转课堂引入普通高校公共体育教学的研究[D].北京：北京体育大学,2016.

[29] 薛飞娟.高校体育教学中微课程设计研究[D].吉首：吉首大学，2015.

[30] 祝峰.多媒体网络教学平台在高校体育教学中的推广策略研究[D].呼和浩特：内蒙古师范大学，2013.